PRACTICANDO
EL PODER DEL
AHORA

PRACTICANDO

EL PODER DEL

AHORA

ENSEÑANZAS, MEDITACIONES
Y EJERCICIOS ESENCIALES EXTRAÍDOS
DE *EL PODER DEL AHORA*

ECKHART TOLLE

NEW WORLD LIBRARY
NOVATO, CALIFORNIA

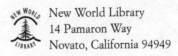 New World Library
14 Pamaron Way
Novato, California 94949

Título original: *Practicing the Power of Now: Essential Teachings, Meditations, and Exercises from* The Power of Now.

Traducción: Miguel Iribarren

© 2001 by Eckhart Tolle

Este libro se compuso en caracteres Aldus.

Library of Congress Cataloging-in-Publication Data
available upon request.

ISBN 1-57731-446-8
Impreso en Canadá
Distribuido por Publishers Group West

20 19 18 17 16 15 14 13 12 11

La libertad comienza cuando te das cuenta
de que no eres «el pensador».
En el momento en que empiezas a observar al pensador,
se activa un nivel de conciencia superior.
Entonces te das cuenta de que hay un vasto reino
de inteligencia más allá del pensamiento,
y de que el pensamiento
sólo es una pequeña parte de esa inteligencia.
También te das cuenta de que todas las cosas
verdaderamente importantes
—la belleza, el amor, la creatividad,
la alegría, la paz interna—
surgen de más allá de la mente.

Empiezas a despertar.

ÍNDICE

INTRODUCCIÓN

POR ECKHART TOLLE

Desde su primera publicación, en 1997, *El poder del ahora* ha impactado sobre la conciencia colectiva del planeta mucho más de lo que jamás me hubiese imaginado. Ha sido traducido a quince idiomas, y diariamente recibo cartas de todas partes del mundo en las que los lectores me cuentan que sus vidas realmente han cambiado con las enseñanzas del libro.

A pesar de que los efectos de la locura de la mente egotista siguen siendo visibles por todas partes, algo nuevo está surgiendo. Hasta ahora, nunca ha habido tantas personas preparadas para deshacerse de los modelos mentales colectivos que desde tiempos inmemoriales han vinculado a la humanidad con el sufrimiento. Un nuevo estado de conciencia está surgiendo. ¡Ya hemos sufrido bastante! Incluso está emergiendo de tu interior en este mismo momento, mientras coges el libro entre tus manos y lees estas líneas que hablan de la posibilidad de vivir una vida liberada en la que ni te haces sufrir a ti mismo ni a los demás.

Muchos de los lectores que se pusieron en contacto conmigo me comunicaron su deseo de que los aspectos prácticos de las enseñanzas contenidas en *El poder del ahora* fuesen presentados en un formato más accesible, para poder utilizarlos a diario. Ese pedido se convirtió en el motor que impulsó este libro.

No obstante, además de los ejercicios y las prácticas, esta obra también contiene una selección de pasajes del libro original que permiten recordar algunos de sus conceptos e ideas, y que espero se convierta en el manual que os ayude a incorporar tales nociones en vuestra vida cotidiana.

Muchos de esos fragmentos son particularmente adecuados para la lectura meditativa. Cuando practicas la lectura meditativa no lees con el fin de recopilar nueva información, sino para entrar en un estado de conciencia diferente a medida que lees. Ésta es la razón por la cual puedes repasar el mismo pasaje una y otra vez, y en cada ocasión sentirlo fresco y novedoso. Sólo las palabras que fueron escritas o pronunciadas en un estado de presencia poseen ese poder transformador, que es el poder de despertar la presencia en el lector.

Es preferible que leas estos párrafos lentamente. En muchas ocasiones desearás hacer una pausa para reflexionar en silencio, reposadamente; en otras, sencillamente, quizá prefieras abrir el libro al azar y leer algunas líneas.

Aquellos lectores que se sintieron intimidados o abrumados por *El poder del ahora* encontrarán también en esta obra una introducción a la transformación de la conciencia humana.

ECKHART TOLLE,
9 de julio de 2001

PRIMERA PARTE

ACCEDER
AL PODER DEL AHORA

Cuando tu conciencia
se dirige hacia fuera,
surgen la mente y el mundo.
Cuando se dirige hacia dentro,
alcanza su propia Fuente
y regresa a casa, a lo No Manifestado.

CAPÍTULO UNO

SER E ILUMINACIÓN

Más allá de la miríada de formas de vida que están sujetas al nacimiento y a la muerte existe la Vida Una, eterna y omnipresente. Muchas personas utilizan la palabra *Dios* para describirla, pero yo suelo llamarla Ser. La palabra *Ser* no explica nada, pero la palabra Dios tampoco. Ser, no obstante, tiene la ventaja de ser un concepto abierto. No reduce el infinito invisible a una entidad finita. Es imposible formarse una imagen mental del Ser, y nadie puede pretender su posesión exclusiva. Es tu esencia misma; puedes acceder a ella inmediatamente como el sentimiento de tu propia presencia.

Por eso sólo hay un pequeño paso entre la palabra Ser y la experiencia del Ser.

EL SER NO SÓLO ES TRASCENDENTE; TAMBIÉN IMPREGNA PROFUNDAMENTE cada forma, y su esencia es invisible e indestructible. Esto significa que ahora mismo puedes acceder al Ser porque es tu identidad más profunda, tu verdadera naturaleza. Pero no trates de aferrarlo con la mente. No trates de entenderlo.

Sólo puedes conocerlo dejando la mente en silencio. Cuando estás presente, cuando tu atención está plena e intensamente en el ahora, puedes sentir el Ser, pero nunca podrás entenderlo mentalmente.

La iluminación es recuperar la conciencia del Ser y residir en ese estado de «sensación-realización».

La palabra *iluminación* suscita la idea de un logro sobrehumano, y al ego le gusta que sea así; pero no es más que tu estado natural en el que sientes la unidad con el Ser. Es un estado de conexión con algo inconmensurable e indestructible, con algo que es esencialmente tú, y sin embargo es mucho mayor que tú. Es encontrar tu verdadera naturaleza más allá del nombre y de la forma.

La incapacidad de sentir esta conexión crea la ilusión de que estás separado de ti mismo y del mundo que te rodea. Entonces te percibes, consciente o inconscientemente, como un fragmento aislado. Surge el miedo, y los conflictos internos y externos pasan a ser la norma.

El mayor obstáculo para experimentar la realidad de tu conexión es la identificación con la mente, que hace que el pensamiento se vuelva compulsivo. Ser incapaz de dejar de pensar es una enfermedad terrible, pero no nos damos cuenta de ella porque casi todo el mundo la sufre y se considera algo normal. Este ruido mental incesante te impide encontrar el reino de quietud interior que es inseparable del Ser. También crea un falso yo fabricado por la mente, que lanza una sombra de miedo y sufrimiento.

La identificación con la mente produce una pantalla opaca de conceptos, etiquetas, imágenes, palabras, juicios y definiciones que bloquean toda verdadera relación. Esa pantalla se interpone entre tú y tú mismo, entre tú y tu prójimo, entre tú y la naturaleza, entre tú y Dios; crea la ilusión de separación, la ilusión de que tú y el «otro» estáis totalmente separados. Entonces te olvidas del hecho esencial de que, debajo del nivel de las apariencias físicas y de las formas separadas, eres uno con todo lo que es.

La mente es un instrumento soberbio si se usa correctamente. Sin embargo, si se usa de forma inapropiada, se vuelve muy destructiva. Para decirlo con más precisión, no se trata tanto de que usas la mente equivocadamente: por lo general no la usas en absoluto, sino que ella te usa a ti. Ésa es la enfermedad. Crees que tú eres tu mente. Ése es el engaño. El instrumento se ha apoderado de ti.

Es como si estuvieras poseído sin saberlo, y crees que la entidad posesora eres tú.

LA LIBERTAD COMIENZA cuando te das cuenta de que no eres la entidad posesora, el pensador. Saberlo te permite examinar la entidad. En el momento en que empiezas a observar al pensador, se activa un nivel de conciencia superior.

Entonces empiezas a darte cuenta de que hay un vasto reino de inteligencia más allá del pensamiento, y de que el pensamiento sólo es una pequeña parte de esa inteligencia. También te das cuenta de que todas las cosas verdaderamente importantes —la belleza, el amor, la creatividad, la alegría, la paz interna— surgen de más allá de la mente.

Empiezas a despertar.

LIBÉRATE DE TU MENTE

La buena nueva es que puedes liberarte de tu mente, que es la única verdadera liberación. Y puedes dar el primer paso ahora mismo.

Empieza por escuchar la voz que habla dentro de tu cabeza, y hazlo tan frecuentemente como puedas. Presta una atención especial a cualquier patrón de pensamiento repetitivo, a esos viejos discos de gramófono que pueden haber estado dando vueltas en tu cabeza durante años.

Esto es lo que llamo «observar al pensador», que es otra manera de decir: escucha la voz dentro de tu cabeza, mantente allí como presencia que atestigua.

Cuando escuches la voz, hazlo imparcialmente. Es decir, no juzgues. No juzgues ni condenes lo que oyes, porque eso significaría que la misma voz ha vuelto a entrar por la puerta de atrás.

Pronto te darás cuenta de esto: la voz está allí y yo estoy aquí, observándola. Esta comprensión *Yo soy,* esta sensación de tu propia presencia, no es un pensamiento. Surge de más allá de la mente.

Así, cuando escuchas un pensamiento, no sólo eres consciente del pensamiento, sino también de ti mismo como testigo del pensamiento. Ha hecho su aparición una nueva dimensión de conciencia.

Cuando escuchas el pensamiento, sientes como si hubiera una presencia consciente —tu yo profundo— por debajo o detrás de él. De este modo el pensamiento pierde su poder sobre ti y se disuelve rápidamente, porque ya no energetizas tu mente mediante la identificación con ella. Es el principio del fin del pensamiento compulsivo e involuntario.

Cuando el pensamiento se aquieta, experimentas una discontinuidad en la corriente mental, una brecha de «no-mente». Al principio las brechas serán cortas, tal vez duren unos segundos, pero gradualmente se irán prolongando. Cuando ocurren estas discontinuidades, sientes cierta quietud y paz dentro de ti. Es el principio del estado natural de sentirte unido al Ser, generalmente nublado por la mente.

Con la práctica, la sensación de quietud y de paz se va ahondando. De hecho, esa profundidad no tiene fin. También sentirás una sutil emanación de alegría elevándose desde lo más hondo de ti: la alegría de Ser.

En este estado de conexión interna estás mucho más alerta, más despierto que en el estado de identificación mental. Estás plenamente presente. Y también se eleva la frecuencia vibratoria del campo energético que da vida al cuerpo físico.

A medida que profundizas en este reino de la no-mente, como a veces se le denomina en Oriente, vas alcanzando el estado de conciencia pura. En ese estado sientes tu propia presencia con tal intensidad y alegría que, en comparación, todo pensamiento, toda emoción, tu cuerpo físico y todo el mundo externo se vuelven relativamente insignificantes. Sin embargo, no es un estado de egoísmo, sino de desprendimiento y generosidad. Te lleva más allá de lo que pensabas que era «tu identidad». Esa presencia es esencialmente tú, y al mismo tiempo es inconcebiblemente mayor que tú.

EN LUGAR DE «OBSERVAR AL PENSADOR», también puedes crear una apertura en la corriente mental por el simple hecho de dirigir el foco de tu atención al ahora. Basta con que te hagas intensamente consciente del momento presente.

21

Esto es algo por demás satisfactorio. De este modo retiras la conciencia de tu actividad mental y creas una brecha sin mente en la que estás muy alerta y consciente, pero no piensas. Ésta es la esencia de la meditación.

EN TU VIDA COTIDIANA puedes practicar esto tomando cualquier actividad rutinaria, que habitualmente sólo es un medio para un fin, y darle toda tu atención para que se convierta en un fin en sí misma.

Por ejemplo, cada vez que subas o bajes las escaleras en tu casa o en tu puesto de trabajo, presta mucha atención a cada escalón, a cada movimiento, incluso a tu respiración. Mantente totalmente presente.

O cuando te laves las manos, presta atención a todas las percepciones sensoriales asociadas con esa actividad: el sonido y la sensación del agua, el movimiento de tus manos, el aroma del jabón, etc.

O cuando entres en tu coche, después de cerrar la puerta, detente durante unos segundos y observa el flujo de tu respiración. Toma conciencia de una silenciosa pero intensa sensación de presencia.

Hay un criterio que te permite medir el éxito logrado en esta práctica: el grado de paz que sientas en tu interior.

El paso más vital en tu camino hacia la iluminación es éste: aprende a no identificarte con tu mente. Cada vez que creas una apertura en el flujo mental, la luz de tu conciencia se fortalece.

Puede que un día te sorprendas sonriendo a la voz que suena en tu cabeza como sonreirías a las travesuras de un niño. Esto significa que has dejado de tomarte el contenido de tu mente tan en serio, y que tu sentido de identidad ya no depende de él.

ILUMINACIÓN: ELEVARSE POR ENCIMA DEL PENSAMIENTO

A medida que uno crece, va formándose una imagen mental de sí mismo basada en su condicionamiento personal y cultural. A este yo fantasma lo llamamos ego. El *ego* es tu actividad mental y sólo puede funcionar mediante el pensamiento constante. El término *ego* tiene distinto significado según se trate de una persona u otra, pero cuando lo uso aquí

23

me refiero al falso yo, creado por una identificación inconsciente con la mente.

Para el ego, el momento presente apenas existe. Sólo considera importantes el pasado y el futuro. Esta inversión total de la verdad explica por qué, en la modalidad ego, la mente es tan disfuncional. Siempre está tratando de mantener el pasado vivo, porque ¿quién serías sin él? Y se proyecta constantemente hacia el futuro para asegurarse la supervivencia y buscar en él una sensación de liberación o satisfacción. Dice: «Algún día, cuando haya ocurrido esto, lo otro o lo de más allá, estaré bien, en paz, seré feliz.»

Incluso cuando parece que el ego está en el presente, no ve el presente: lo percibe equivocadamente porque lo mira con los ojos del pasado. O reduce el presente a ser un medio para un fin, un fin que siempre reside en el futuro proyectado por la mente. Observa tu mente y comprobarás que funciona así.

El momento presente contiene la clave de la liberación, pero no puedes encontrar el momento presente mientras seas tu mente.

Alcanzar la iluminación significa elevarse por encima del pensamiento. En el estado de iluminación sigues usando la mente cuando la necesitas, pero de un modo mucho más enfocado y eficaz que antes. La empleas principalmente con fines prácticos, pero eres libre del diálogo interno involuntario, y vives en la quietud interior.

Cuando empleas la mente, y en particular cuando necesitas dar una solución creativa a algo, vas oscilando cada pocos minutos entre la mente y la quietud, entre la mente y la no-mente. La no-mente es conciencia sin pensamiento. Sólo la no-mente permite pensar creativamente, porque da al pensamiento un poder real. El pensamiento por sí solo, desconectado del vasto campo de la conciencia, se convierte rápidamente en algo estéril, insano, destructivo.

EMOCIÓN:
LA REACCIÓN DEL CUERPO A LA MENTE

La mente, tal como yo uso la palabra, no es únicamente el pensamiento. Incluye también las emociones y las pautas de reacción inconscientes, tanto mentales como emocionales. La emoción surge en el punto donde cuerpo y mente se encuentran. Es la reacción del cuerpo a la mente o, dicho de otra forma, el reflejo de la mente en el cuerpo.

Cuanto más te identificas con el pensamiento, con lo que te gusta o disgusta, con tus juicios e interpretaciones, es decir, cuanto menos presente estás como conciencia observante, más fuerte es la carga de energía emocional, seas consciente de ella o no. Si no puedes sentir tus emociones, si estás desconectado de ellas, acabarás sintiéndolas a un nivel puramente físico, como un problema o síntoma físico.

SI TE ES DIFÍCIL SENTIR TUS EMOCIONES, empieza por enfocar la atención en el campo energético interno de tu cuerpo. Siente el cuerpo desde dentro. Así estarás en contacto con tus emociones.

Si realmente quieres conocer tu mente, el cuerpo siempre te dará un reflejo fiel; por tanto, observa la emoción o, más bien, siéntela en tu cuerpo. Si existe un conflicto aparente entre ambos, el pensamiento es el que miente y la emoción dice la verdad. No la verdad última de tu identidad real, sino la verdad relativa de tu estado mental en ese momento.

Es posible que aún no puedas hacer consciente la actividad de tu mente inconsciente en forma de pensamientos, pero siempre se reflejará en el cuerpo como una emoción, de la que sí puedes tomar conciencia.

Observar una emoción es básicamente igual que escuchar u observar un pensamiento, tal como he descrito el proceso anteriormente. La única diferencia es que, mientras el pensamiento está en tu cabeza, la emoción tiene un fuerte componente físico, de modo que se siente principalmente en el cuerpo. Puedes dejar que la emoción esté ahí sin ser controlado por ella. Ya no eres la emoción; eres el observador, la presencia que mira.

Si practicas así, todo lo que es inconsciente en ti saldrá a la luz de la conciencia.

ADQUIERE EL HÁBITO DE PREGUNTARTE: ¿Qué está pasando dentro de mí en este momento? Esa pregunta te orientará en la dirección correcta. Pero no analices, simplemente observa. Enfoca tu atención hacia dentro. Siente la energía de la emoción.

Si no hay ninguna emoción presente, lleva la atención más profundamente al campo energético de tu cuerpo. Es el pasadizo hacia el Ser.

CAPÍTULO DOS

EL ORIGEN DEL MIEDO

El estado de miedo psicológico está divorciado de cualquier peligro real e inmediato. Puede adoptar diversas formas: desazón, preocupación, ansiedad, nervios, tensión, temor, fobia, etc. El miedo psicológico del que hablamos siempre se refiere a algo que podría ocurrir, no a algo que ya está ocurriendo. Tú estás en el aquí y ahora, mientras que tu mente está en el futuro. Esto crea una brecha de ansiedad. Y si te has identificado con tu mente y has perdido el poder y la simplicidad del ahora, esa brecha de ansiedad será tu constante compañera. Siempre puedes afrontar el momento presente, pero no puedes afrontar algo que sólo es una proyección mental; no puedes afrontar el futuro.

Además, mientras sigas identificándote con tu mente, el ego dirigirá tu vida. Debido a su naturaleza fantasmal, y a pesar de sus elaborados mecanismos de defensa, el ego es muy vulnerable e inseguro, y se siente amenazado constantemente. Por cierto, esto sigue siendo verdadero aunque externamente esté muy seguro. Ahora bien, recuerda que una emoción es la reacción del cuerpo a la mente. ¿Qué mensaje recibe continuamente el cuerpo desde el ego, desde ese falso yo fabricado por la mente?: peligro, estoy amenazado. ¿Y qué emoción genera este mensaje continuo?: miedo, por supuesto.

El miedo parece tener muchas causas: miedo a la pérdida, miedo al fracaso, miedo a que nos hieran, y así sucesivamente; pero, en definitiva, todos los miedos pueden resumirse en el miedo del ego a la muerte, a la aniquilación. Para el ego, la muerte siempre está a la vuelta de la esquina. En este estado de identificación con la mente, el miedo a la muerte afecta a todos los aspectos de tu vida.

Por ejemplo, algo tan aparentemente trivial y «normal» como la necesidad compulsiva de tener razón en una discusión y demostrar que el otro está equivocado —defender la posición mental con la que te has identificado— se debe al miedo a la muerte. Si te identificas con una posición mental y resulta que estás equivocado, tu sentido de identidad, basado en la mente, se sentirá bajo una seria amenaza de aniquilación. Por tanto, tú, como ego, no puedes permitirte estar equivocado. Equivocarse es morir. Esto ha motivado muchas guerras y ha causado la ruptura de innumerables relaciones.

Cuando dejas de identificarte con la mente, el hecho de tener razón o estar equivocado es indiferente para tu sentido de identidad; de modo que esa necesidad compulsiva, apremiante y profundamente inconsciente de tener razón, que es una forma de violencia, deja de estar presente. Puedes expresar cómo te sientes y lo que piensas con claridad y firmeza, pero tal expresión no estará teñida de agresividad ni actitud defensiva. Tu sentido de identidad deriva entonces de un lugar más profundo y verdadero dentro de ti, no de la mente.

Observa cualquier actitud defensiva que surja en ti. ¿Qué estás defendiendo?: una identidad ilusoria, una imagen mental, una entidad ficticia. Haciendo consciente este patrón y observándolo, puedes romper la identificación con él. El patrón inconsciente comenzará a disolverse rápidamente a la luz de tu conciencia.

Éste es el final de todas las discusiones y juegos de poder, que son tan corrosivos para las relaciones. El poder sobre los demás es debilidad disfrazada de fuerza. El verdadero poder está dentro, y está a tu disposición ahora.

La mente siempre trata de negar el ahora y de escapar de él. En otras palabras: cuanto más te identificas con tu mente, más sufres. O puedes decirlo de este otro modo: cuanto más capaz seas de valorar y aceptar el ahora, más libre estarás del dolor y del sufrimiento, más libre de la mente egotista.

Si no deseas crear más dolor para ti mismo ni para los demás, si no quieres añadir más dolor al residuo del pasado que aún vive en ti, no crees más tiempo, o crea el imprescindible para gestionar los aspectos prácticos de la vida. ¿Cómo dejar de crear tiempo?

DATE CUENTA INEQUÍVOCAMENTE DE QUE EL MOMENTO PRESENTE es lo único que tienes. Haz del ahora el centro fundamental de tu vida. Si antes vivías en el tiempo y hacías breves visitas al ahora, establece tu residencia habitual en el ahora y haz breves visitas al pasado y al futuro cuando tengas que resolver los asuntos prácticos de tu vida.

Di siempre «sí» al momento presente.

ACABA CON LA ILUSIÓN DEL TIEMPO

La clave es ésta: acaba con la ilusión del tiempo. Tiempo y mente son inseparables. Retira el tiempo de la mente y ésta se para, a menos que elijas usarla.

Estar identificado con la mente es estar atrapado en el tiempo: vives de forma compulsiva y, casi exclusivamente, mediante el recuerdo y la anticipación. Esto produce una preocupación interminable por el pasado y el futuro, y una falta de disposición a honrar y reconocer el momento presente y permitir que sea. La compulsión surge porque el pasado te da una identidad y el futuro contiene una promesa de salvación, de una realización de algún tipo. Ambas son ilusiones.

Cuanto más te enfocas en el tiempo —pasado y futuro— más pierdes el ahora, lo más precioso que hay.

¿Por qué es lo más precioso? En primer lugar, porque es lo único que hay. Es todo lo que hay. El eterno presente es el espacio dentro del que se despliega tu vida, el único factor que permanece constante. La vida es ahora. No ha habido nunca un momento en que tu vida no fuera ahora, ni lo habrá jamás. En segundo lugar, el ahora es el único punto que puede llevarte más allá de los limitados confines de la mente. Es tu único punto de acceso al reino informe e intemporal del Ser.

¿Has experimentado, hecho, pensado o sentido algo fuera del momento presente? ¿Piensas que lo harás alguna vez? ¿Es posible que algo ocurra o sea fuera del ahora? La respuesta es evidente, ¿no es cierto?

Nada ocurrió nunca en el pasado; ocurrió en el ahora. Nada ocurrirá nunca en el futuro; ocurrirá en el ahora.

La esencia de lo que estoy diciendo aquí no puede entenderse mentalmente. En el momento que lo entiendes, se produce un cambio de conciencia de la mente al Ser, del tiempo a la presencia. De repente, todo se vivifica, irradia energía, emana Ser.

CAPÍTULO TRES

ACCEDE AL PODER DEL AHORA

Las dimensiones intemporales están acompañadas por otro tipo de conocimiento, un conocimiento que no «mata» el espíritu que habita en cada criatura y en cada cosa. Un conocimiento que no destruye la sacralidad y el misterio de la vida, sino que muestra un profundo amor y reverencia por todo lo que es. Un conocimiento del que la mente no sabe nada.

ROMPE LA VIEJA ESTRUCTURA de resistencia al momento presente, de negación del presente. Convierte en práctica el hecho de retirar la atención que prestas al pasado y al futuro cuando no sean necesarios. Sal de la dimensión temporal lo más posible en tu vida cotidiana.

Si te resulta difícil entrar directamente en el ahora, comienza observando tu habitual tendencia mental a escapar de él. Observarás que el futuro suele imaginarse como mejor o peor que el presente. Si el futuro imaginario es mejor, te da esperanza o expectativas placenteras. Si es peor, crea ansiedad. Ambas son ilusorias.

La autoobservación permite la entrada automática de más presencia en tu vida. En el momento de darte cuenta de que no estás presente, estás presente. En cuanto eres capaz de observar tu mente, ya no estás atrapado en ella. Ha entrado en juego otro factor que no es mental: la presencia del testigo.

Mantente presente como observador de tu mente, de tus pensamientos y emociones, así como de tus reacciones a las diversas situaciones. Interésate al menos tanto por tus reacciones como por la situación o persona que te hace reaccionar.

Nota también cuántas veces tu atención se va al pasado o al futuro. No juzgues ni analices lo que observas. Contempla el pensamiento, siente la emoción, observa la reacción. No las conviertas en un problema personal. Entonces sentirás algo más poderoso que cualquiera de las cosas observadas: la presencia misma, serena y observante, que está detrás de tus contenidos mentales; el observador silencioso.

Se necesita una intensa presencia cuando ciertas situaciones provocan una reacción muy cargada de emoción, como cuando tu autoimagen se ve amenazada, cuando te topas con un desafío existencial que te da miedo, cuando las cosas «van mal» o surge un complejo emocional del pasado. En todos estos casos, tiendes a volverte «inconsciente». La reacción o la emoción se apodera de ti: te «conviertes» en ella. Eres el actor que la representa. Te justificas, acusas al otro, atacas, te defiendes..., pero no eres tú: es una pauta reactiva, es la mente en su modalidad habitual de supervivencia.

La identificación con la mente da a ésta más energía; la observación de la mente le quita fuerzas. La identificación con la mente crea más tiempo; la observación de la mente te abre a las dimensiones intemporales. La energía retirada de la mente se convierte en presencia. Si puedes sentir lo que significa estar presente, resulta mucho más fácil elegir salir de la dimensión temporal —cuando no necesitas el tiempo por motivos prácticos— y entrar profundamente en el ahora.

Esto no reduce tu capacidad de usar el tiempo —pasado o futuro— cuando tienes que referirte a él por alguna causa concreta. Tampoco reduce tu capacidad de usar tu mente; de hecho, la aumenta.

Cuando utilices la mente, ésta será más aguda, estará más enfocada.

El principal foco de atención de la persona iluminada está siempre en el ahora, aunque sigue manteniendo una conciencia periférica del tiempo. En otras palabras: continúa usando el tiempo del reloj, pero es libre del tiempo psicológico.

ABANDONA EL TIEMPO PSICOLÓGICO

Aprende a usar el tiempo en los aspectos prácticos de tu vida —podemos denominarlo el «tiempo del reloj»—, pero regresa inmediatamente a la conciencia del presente cuando esos asuntos prácticos estén resueltos. Así no habrá una acumulación de «tiempo psicológico», que es la identificación con el pasado y la continua proyección compulsiva hacia el futuro.

Si te marcas un objetivo y avanzas hacia él, estás usando el tiempo del reloj. Eres consciente de adónde quieres ir, pero valoras y das la máxima atención al paso que estás dando en este momento. Si te centras excesivamente en el objetivo, quizá porque estás buscando la felicidad, la realización, o completar tu senti-do de identidad, dejas de honrar el ahora. Entonces se queda reducido a un simple paso intermedio sin valor intrínseco que te permite acceder al futuro. El tiempo del reloj se convierte en tiempo psicológico. Tu camino de vida deja de ser una aventura y se redu-ce a una necesidad obsesiva de llegar, de alcanzar, de «lograrlo». Dejas de mirar y de oler las flores que es-tán a los lados del camino y dejas de interesarte por la belleza y el milagro de la vida que se desarrolla a tu alrededor cuando estás presente en el ahora.

¿Estás siempre tratando de llegar a otro lugar distinto de donde estás? ¿Son la mayoría de tus ac-ciones sólo un medio para conseguir un fin? ¿Pospo-nes siempre la satisfacción o la reduces a breves pla-ceres como el sexo, la comida, la bebida, las drogas o las emociones intensas y la excitación? ¿Estás siem-pre centrado en conseguir, alcanzar y llegar a ser, o, alternativamente, estás siempre buscando una nueva emoción o placer? ¿Crees que si adquieres más cosas te sentirás más realizado, serás lo suficientemente bueno o estarás psicológicamente completo? ¿Espe-ras que un hombre o una mujer dé sentido a tu vida?

En el estado de conciencia normal, es decir, no iluminado, el poder y el infinito potencial creativo que residen en el ahora quedan totalmente oscurecidos por el tiempo psicológico. Tu vida pierde la cualidad vibrante, la frescura, la maravilla. Las viejas pautas de pensamiento, emoción, conducta, reacción y deseo se expresan en acciones absolutamente repetitivas; son un guión mental que te da una especie de identidad, pero distorsiona o encubre la realidad del ahora. A continuación la mente crea una obsesión en la que el futuro sirve para escapar de un presente insatisfactorio.

Lo que percibes como futuro es parte intrínseca de tu estado de conciencia ahora. Si tu mente lleva una pesada carga del pasado, experimentarás más de lo mismo. El pasado se perpetúa a sí mismo por la falta de presencia. La calidad de tu conciencia en este momento es lo que conforma el futuro, que, por supuesto, sólo puede ser experimentado como el ahora.

Y si la calidad de tu conciencia en este momento es lo que determina el futuro, ¿qué determina la calidad de tu conciencia? El grado de presencia que tengas. Por tanto, el único lugar donde puede ocurrir el verdadero cambio y donde puede disolverse el pasado es el ahora.

Quizá te cueste reconocer que el tiempo es la causa de tus sufrimientos y de tus problemas. Crees que están causados por situaciones específicas de tu vida, y desde el punto de vista convencional eso es verdad. Pero hasta que no enfrentas la disfunción fundamental de la mente —su apego al pasado y al futuro y su negación del ahora—, en realidad los problemas son intercambiables.

Si hoy desaparecieran milagrosamente de tu vida todas las causas de sufrimiento o infelicidad, pero no estuvieras más presente, más consciente, pronto te encontrarías con una serie de problemas similares, como una sombra que sigue tus pasos. En último término sólo hay un problema: la mente ligada al tiempo.

En el tiempo no hay salvación. No puedes ser libre en el futuro.

LA PRESENCIA ES LA LLAVE de la libertad, de modo que sólo puedes ser libre ahora.

ENCUENTRA LA VIDA SUBYACENTE EN TU SITUACIÓN DE VIDA

En lugar de hablar de tu «vida» deberías ser más preciso y hablar de tu «situación de vida», que está hecha de tiempo psicológico: pasado y futuro.

Ciertas cosas del pasado no fueron como deseabas. Aún sigues resistiéndote a lo ocurrido en el pasado, y ahora te estás resistiendo a lo que es. Lo que te hace seguir adelante es la esperanza, pero la esperanza hace que estés enfocado en el futuro, y ese enfoque permanente perpetúa tu negación del ahora y, por tanto, tu infelicidad.

OLVÍDATE DE TU SITUACIÓN DE VIDA durante un tiempo y presta atención a tu vida.

Tu situación de vida existe en el tiempo. Tu vida es ahora.

Tu situación de vida es un asunto mental. Tu vida es real.

Encuentra la «puerta estrecha que conduce a la vida». Se llama el ahora. Reduce el ámbito de tu vida a este momento. Tu situación de vida puede estar llena de problemas —como lo están la mayoría de ellas—, pero averigua si tienes algún problema en este momento. No mañana, ni dentro de diez minutos, sino ahora. ¿Tienes un problema ahora?

Cuando estás lleno de problemas no hay espacio para que pueda entrar nada nuevo, no hay lugar para una solución. Por eso, cuando puedas, date espacio, crea el espacio que te permita encontrar la corriente de vida que subyace a tu situación de vida.

EMPLEA TUS SENTIDOS PLENAMENTE. Trata de estar donde estás. Mira a tu alrededor. Simplemente mira, sin interpretar. Observa la luz, las formas, los colores, las texturas. Sé consciente de la presencia silenciosa de cada cosa. Sé consciente del espacio que permite que cada cosa sea.

Escucha los sonidos; no los juzgues. Escucha el silencio debajo de los sonidos. Toca algo, cualquier cosa, y siente y reconoce su Ser.

Observa el ritmo de tu respiración; siente cómo fluye el aire dentro y fuera, siente la energía de vida dentro de tu cuerpo. Permite que todo sea, tanto dentro como fuera. Permite y reconoce la «cualidad» de las cosas. Entra profundamente en el ahora.

Estás dejando atrás el mundo mortecino de la abstracción mental, del tiempo. Estás saliendo de la mente alocada que agota tu energía de vida, del mismo modo que está envenenando y destruyendo la Tierra. Estás despertando del sueño del tiempo al presente.

TODOS LOS PROBLEMAS SON ILUSIONES MENTALES

CENTRA TU ATENCIÓN EN EL AHORA y dime qué problema tienes en este momento.

No me estás dando ninguna respuesta porque es imposible tener un problema cuando tu atención está plenamente en el ahora. Hay una situación que tiene que ser afrontada o aceptada, eso sí. Pero ¿por qué convertirla en un problema?

Inconscientemente, a la mente le encantan los problemas porque te dan cierta identidad. Es algo normal; y es una locura. «Tener un problema» significa dar vueltas mentalmente a una situación sin tener verdadera intención o posibilidad de hacer algo al respecto ahora. Inconscientemente estás haciendo del problema parte de tu identidad. Acabas sintiéndote tan agobiado por tu situación de vida que pierdes la sensación de la vida, del Ser. O llevas en tu mente la pesada carga de un centenar de cosas que tendrás que hacer en el futuro, en lugar de centrar tu atención en lo único que puedes hacer ahora.

CUANDO CREAS UN PROBLEMA, creas dolor. Basta con hacer una simple elección, con tomar una simple decisión: pase lo que pase, no generaré más dolor para mí mismo. No me crearé más problemas.

Aunque es una elección simple, también es muy radical. No podrás tomar esa decisión a menos que estés realmente muy harto de sufrir y consideres que ya has tenido suficiente. Pero tampoco podrás mantenerla a menos que hayas accedido al poder del ahora. Si no generas más dolor para ti mismo, tampoco lo generarás para los demás. Y tampoco contaminarás la hermosa Tierra, tu espacio interno, ni el psiquismo colectivo con la negatividad de los problemas.

Si surge una situación que tienes que afrontar ahora, la acción surgida de tu conciencia del momento presente será clara e incisiva. También es más probable que sea efectiva. No será una reacción surgida de tu condicionamiento mental previo, sino una respuesta intuitiva a la situación. En ciertos casos en los que la mente ligada al tiempo reaccionaría, te parecerá más eficaz no hacer nada y simplemente permanecerás centrado en el ahora.

LA ALEGRÍA DE SER

Para notar si te has dejado atrapar por el tiempo psicológico, puedes usar un criterio muy simple.

Pregúntate: ¿Hay alegría, fluidez y ligereza en lo que estoy haciendo? Si no la hay, es que el tiempo encubre el momento presente y percibes la vida como una carga o como un esfuerzo.

Si no hay alegría, fluidez o ligereza en lo que haces, eso no significa necesariamente que tengas que cambiar lo que haces. A veces, simplemente, basta con cambiar la manera de hacerlo. El «cómo» siempre es más importante que el «qué». Trata de conceder mucha más atención a lo que haces que al resultado que esperas obtener. Centra toda tu atención en lo que el momento te ofrezca. Esto implica aceptar plenamente lo que es, porque no puedes conceder toda tu atención a algo y al mismo tiempo resistirte a ello.

En cuanto honras el momento presente, toda infelicidad y esfuerzo se disuelven, y la vida empieza a fluir con alegría y suavidad. Si tus actos surgen de la conciencia del momento presente, cualquier cosa que hagas, hasta la acción más simple, quedará impregnada de calidad, cuidado y amor.

NO TE PREOCUPES POR EL FRUTO DE TUS ACCIONES: mantente atento a la acción misma. El fruto ya vendrá cuando corresponda. Ésta es una práctica espiritual muy poderosa.

Cuando cesa el esfuerzo compulsivo por alejarse del ahora, la alegría de Ser fluye en todo lo que haces. En cuanto tu atención se orienta hacia el ahora, sientes una presencia, una quietud, una paz. Ya no dependes del futuro para conseguir la satisfacción o la realización; no buscas en él la salvación. Por tanto, no te apegas a los resultados. Ni el éxito ni el fracaso pueden cambiar el estado de tu Ser interno. Has encontrado la vida subyacente en tu situación de vida.

En ausencia del tiempo psicológico, tu sentido de identidad procede del Ser, no de tu pasado personal. Y así la necesidad psicológica de convertirte en algo distinto de lo que eres deja de presionar. En el mundo, en lo relativo a tu situación de vida, puedes hacerte rico, adquirir conocimientos, tener éxito, liberarte de esto o de aquello, pero en las dimensiones profundas del Ser ya eres completo y total ahora.

EL ESTADO INTEMPORAL DE CONCIENCIA

Cuando cada célula de tu cuerpo esté tan presente que vibre de vida, y cuando puedas sentir esa vida en cada momento como la alegría de Ser, entonces puedes decir que te has liberado del tiempo.

Liberarse del tiempo es liberarse de la necesidad psicológica del pasado para tener una identidad; y del futuro, para hallar la realización. Representa la transformación de conciencia más profunda que se pueda imaginar.

CUANDO HAS OBTENIDO LOS PRIMEROS ATISBOS DEL ESTADO INTEMPORAL DE CONCIENCIA, empieza un ir y venir entre la dimensión temporal y la presencia. Empiezas por darte cuenta de que tu conciencia raras veces está verdaderamente en el ahora. Pero saber que no estás presente es ya un gran éxito: ese saber es presencia, aunque al principio sólo dure unos segundos de reloj antes de que vuelvas a perderla.

A continuación, y cada vez con más frecuencia, eliges enfocar la conciencia en el momento presente más que en el pasado o en el futuro, y al darte cuenta de que has perdido el ahora, eres capaz de permanecer en él no sólo un par de segundos, sino periodos más largos, tal como se perciben desde la perspectiva externa del tiempo del reloj.

Así, antes de establecerte firmemente en el estado de presencia, es decir, antes de poder ser plenamente consciente, pasas un tiempo yendo y viniendo entre la conciencia y la inconsciencia, entre el estado de presencia y el estado de identificación con la mente. Pierdes el ahora y vuelves a él, una y otra vez, hasta que finalmente la presencia se convierte en tu estado predominante.

CAPÍTULO CUATRO

LA DISOLUCIÓN DE LA INCONSCIENCIA

Es fundamental que lleves más conciencia a tu vida en las situaciones ordinarias, cuando todo va relativamente bien. Así irá creciendo el poder de tu presencia, que genera en ti y a tu alrededor un campo de alta frecuencia vibratoria. Ninguna inconsciencia ni negatividad, ninguna discordia o violencia podrán entrar en ese campo y sobrevivir, del mismo modo que la oscuridad no puede sobrevivir en presencia de la luz.

Cuando aprendes a ser testigo de tus pensamientos y emociones, que es parte esencial del estar presente, te sorprende el ruido de fondo de la inconsciencia ordinaria y te das cuenta de que muy pocas veces te sientes verdaderamente cómodo contigo mismo, si es que te ocurre alguna vez.

A nivel mental, encontrarás abundantes resistencias en forma de juicios, descontento y proyecciones mentales que te alejan del ahora. A nivel emocional, notarás una corriente subterránea de incomodidad, tensión, aburrimiento o nervios. Todos estos contenidos son aspectos de la mente en su habitual modalidad de resistencia.

OBSERVA LOS DIVERSOS MODOS EN QUE LA INTRANQUILIDAD, el descontento y la tensión surgen en ti como consecuencia de juicios innecesarios, resistencias a lo que es y la negación del ahora.

Lo inconsciente se disuelve cuando lo iluminas con la luz de la conciencia.

Cuando aprendas a disolver la inconsciencia ordinaria, la luz de tu propia presencia brillará con fulgor, y será más fácil afrontar la inconsciencia profunda cuando sientas su atracción magnética. Sin embargo, puede que la inconsciencia ordinaria no resulte fácil de detectar, porque es muy común.

ACOSTÚMBRATE A HACER UN SEGUIMIENTO DE TU ESTADO EMOCIONAL Y MENTAL mediante la autoobservación.

Una buena pregunta que podrías plantearte frecuentemente es: «¿Estoy relajado en este momento?»

O también puedes indagar: «¿Qué está ocurriendo dentro de mí en este instante?»

Interésate al menos tanto por lo que ocurre dentro de ti como por lo que pasa fuera. Si consigues que lo de dentro esté bien, lo de fuera encajará en su lugar. La realidad primaria está dentro; la secundaria, fuera.

Y NO TE RESPONDAS A ESTAS PREGUNTAS INMEDIATAMENTE. Dirige tu atención hacia dentro. Mira dentro de ti.

¿Qué tipo de pensamientos está produciendo tu mente? ¿Qué sientes?

Dirige tu atención al cuerpo. ¿Notas alguna tensión?

Cuando detectes cierto nivel de incomodidad, el ruido de fondo, observa cómo estás evitando, resistiéndote o negando la vida por negar el ahora.

Hay muchas maneras de resistirse inconscientemente al momento presente. Con la práctica aumentará tu poder de autoobservación, tu capacidad de hacer un seguimiento de tu estado interno.

DONDE QUIERA QUE ESTÉS, MANTENTE PLENAMENTE PRESENTE

¿Estás estresado? ¿Estás tan agitado tratando de llegar al futuro que el presente queda reducido a un medio para alcanzarlo? Lo que causa tensión es estar «aquí» queriendo estar «allí», o estar en el presente queriendo estar en el futuro. Es una disyuntiva que te desgarra por dentro.

¿Te absorbe mucha atención el pasado? ¿Sueles hablar de él y pensar en él positiva o negativamente? ¿Piensas en los grandes logros que has alcanzado, en tus aventuras y experiencias, o en tu historial de víctima y en las cosas horribles que te sucedieron? ¿O quizá piensas en lo que tú hiciste a otra persona?

¿Qué crean tus pensamientos: culpa, orgullo, resentimiento, ira, lamentos, autocompasión...? Entonces, además de reforzar un falso sentido de iden-tidad, estás ayudando a acelerar el proceso de envejecimiento de tu cuerpo produciendo una acumulación de pasado en tu psique. Verifícalo por ti mismo observando a las personas cercanas que ten-gan una fuerte tendencia a aferrarse al pasado.

HAZ MORIR EL PASADO CADA MOMENTO. No lo necesitas. Refiérete a él sólo cuando sea absolutamente relevante para el presente. Siente el poder de este momento y la plenitud del Ser. Siente tu presencia.

¿Estás preocupado? ¿Sueles pensar mucho en «lo que pasaría si...»? Entonces estás identificado con tu mente, que se proyecta en una imaginaria situación futura y genera miedo. No hay modo de poder afrontar esa situación, porque no existe. Es un fantasma mental.

Sin embargo, puedes parar esa locura que corroe la salud y la vida volviendo a tomar conciencia del momento presente.

Siente tu respiración. Siente el aire que fluye dentro y fuera de tu cuerpo. Siente tu campo de energía interna. Lo único que tienes que afrontar, con lo que tienes que lidiar en la vida real —en oposición a las proyecciones mentales imaginarias—, es este momento.

Pregúntate qué «problema» tienes ahora mismo, no el año próximo, mañana o dentro de cinco minutos. ¿Qué está mal en este momento?

Siempre puedes lidiar con el ahora, pero nunca podrás lidiar con el futuro, y tampoco tienes que hacerlo. La respuesta, la fuerza, la acción justa o el recurso estarán allí cuando los necesites, no antes ni después.

¿Estás acostumbrado a «esperar»? ¿Pasas buena parte de tu vida esperando? Para mí, «esperar a pequeña escala» es esperar en la cola de correos, en un atasco de tráfico, en el aeropuerto, esperar a que llegue alguien o hasta acabar un trabajo. «Esperar a gran escala» es esperar a las próximas vacaciones, a tener un trabajo mejor, a que crezcan los niños, a establecer una relación significativa, a triunfar, a hacer dinero, a ser importante, a iluminarte. Es bastante común que la gente se pase toda la vida esperando para empezar a vivir.

La espera es un estado mental. Significa básicamente que quieres el futuro y no quieres el presente. No quieres lo que tienes y quieres lo que no tienes. Cuando esperas estás creando un conflicto inconsciente entre tu aquí y ahora —el lugar donde no quieres estar— y el futuro proyectado —el lugar donde quieres estar—. Esto reduce mucho tu calidad de vida, obligándote a perder el presente.

Por ejemplo, mucha gente espera que le llegue la prosperidad, pero ésta no puede llegar en el futuro. Cuando honras, reconoces y aceptas plenamente tu realidad presente —dónde estás, quién eres y lo que estás haciendo ahora mismo—; cuando aceptas plenamente aquello de lo que dispones, entonces agradeces lo que tienes, agradeces lo que es, agradeces Ser. La verdadera prosperidad es sentirse agradecido por el momento presente y por la plenitud de la vida ahora mismo. No puede llegar en el futuro. Más adelante, con el tiempo, esa prosperidad se manifestará de diversas formas.

Si estás insatisfecho con lo que tienes, o incluso frustrado o enfadado por tus carencias actuales, eso puede motivarte a hacerte rico; pero, aunque acumules millones, seguirás sintiendo la carencia interna, y en el fondo continuarás estando insatisfecho. Puede que hayas tenido muchas experiencias interesantes de las que pueden comprarse con dinero, pero las experiencias van y vienen, y siempre te dejarán con una sensación de vacío, necesitado de nuevas gratificaciones físicas o psicológicas. No habitarás en el Ser, sintiendo la plenitud de la vida ahora, que es la única prosperidad verdadera.

RENUNCIA A LA ESPERA COMO UN ESTADO MENTAL. Cuando te sorprendas cayendo en el estado de espera... sal de inmediato. Ven al momento presente. Simplemente sé y disfruta siendo. Si estás presente no tienes ninguna necesidad de esperar.

Así, la próxima vez que alguien te diga: «Siento haberte hecho esperar», puedes responder: «No te preocupes. No estaba esperando. Simplemente estaba aquí, disfrutando, contento de estar conmigo mismo.»

Éstas son algunas de las estrategias mentales para negar el momento presente que forman parte de nuestra inconsciencia ordinaria. Resulta fácil pasarlas por alto porque son parte de la vida cotidiana: el ruido de fondo del descontento perpetuo. Pero cuanto más te dediques a hacer un seguimiento de tu estado interno emocional y mental, antes sabrás que te has dejado atrapar en el pasado o en el futuro, es decir, en la inconsciencia, y más rápido despertarás del sueño del tiempo al presente.

Pero ten cuidado: el falso yo infeliz, basado en la identificación con la mente, vive en el tiempo. Él sabe perfectamente que el momento presente supone su muerte y se siente amenazado. Hará todo lo que pueda por sacarte del ahora. Intentará mantenerte atrapado en el tiempo.

En cierto sentido, el estado de presencia puede

ser comparado a una espera. Se trata de un tipo de espera completamente distinto que requiere que estés plenamente alerta. Algo podría ocurrir en cualquier momento, y si no estás absolutamente alerta, absolutamente en calma, te lo vas a perder. En ese estado, toda tu atención está en el ahora. No te queda nada de atención para soñar despierto, pensar, recordar, anticipar. En esa espera no hay tensión ni miedo; sólo una presencia alerta. Estás presente con todo tu Ser, con cada célula de tu cuerpo.

En ese estado, el «tú» que tiene un pasado y un futuro, al que solemos dar el nombre de personalidad, apenas está presente. Sin embargo, no se pierde nada de valor. En esencia, sigues siendo tú mismo. De hecho, eres más plenamente tú mismo que nunca o, más bien, sólo ahora eres verdaderamente tú mismo.

EL PASADO NO PUEDE SOBREVIVIR EN TU PRESENCIA

Los desafíos del presente sacarán a la luz lo que necesites saber de tu pasado inconsciente. Si te sumerges en el pasado, se convertirá en un pozo sin fondo: siempre hay más. Puede que pienses que necesitas más tiempo para entender el pasado o para liberarte de él; en otras palabras, puede que pienses que el futuro acabará liberándote del pasado. Pero eso es una ilusión. Sólo el presente puede liberarte del pasado. Ahondar en el tiempo no puede liberarte del tiempo.

Accede al poder del ahora: esa es la clave. El poder del ahora no es más que el poder de tu presencia, tu conciencia liberada de las formas del pensamiento. Así que afronta el pasado desde el presente. Cuanta más atención concedes al pasado, más lo energetizas, y más probable es que te construyas una «identidad» con él.

Entiéndeme bien: la atención es esencial, pero no al pasado como pasado. Presta atención al presente; presta atención a tu comportamiento, a tus reacciones, estados de ánimo, pensamientos, emociones, miedos y deseos, tal como surgen en el presente. Ellos son el pasado en ti. Si puedes estar suficientemente presente como para observarlos, sin criticarlos ni analizarlos, sin juicio alguno, entonces estás afrontando el pasado y disolviéndolo con el poder de tu presencia.

No puedes encontrarte volviendo al pasado. Te encuentras viniendo al presente.

Capítulo cinco

La belleza surge en la quietud de tu presencia

Se necesita presencia para tomar conciencia de la belleza, de la majestad, de la sacralidad de la naturaleza. ¿Has mirado alguna vez la infinitud del espacio en una noche clara, quedándote anonadado ante su absoluta quietud e inconcebible enormidad? ¿Has escuchado, realmente escuchado, el rumor de un arroyo de montaña en el bosque? ¿Y el sonido de un mirlo al atardecer un tranquilo día de verano?

Para tomar conciencia de este tipo de estímulos la mente tiene que estar serena. Tienes que abandonar momentáneamente tu equipaje personal de problemas, de pasado y de futuro, y todo tu conocimiento, porque, de no hacerlo, verás pero no verás y oirás pero no oirás. Tienes que estar totalmente presente.

MÁS ALLÁ DE LA BELLEZA DE LAS FORMAS EXTERNAS, hay otra cosa: algo innombrable, inefable, algo profundo, interno, la esencia sagrada. Donde y cuando quiera que encontramos algo bello, percibimos el brillo de esta esencia interna, que sólo se nos revela cuando estamos presentes.

¿Podría ocurrir que esta esencia innombrable y tu presencia fueran una única y misma cosa?

¿Estaría ahí si tú no estuvieras presente?

Profundiza en ello. Descúbrelo por ti mismo.

LA REALIZACIÓN DE LA CONCIENCIA PURA

Cuando observas la mente, retiras conciencia de las formas mentales, y esa conciencia se convierte en el observador o testigo. En consecuencia, el observador —conciencia pura más allá de la forma— se fortalece y las formaciones mentales se debilitan.

Cuando hablamos de observar la mente estamos llevando a la esfera personal un evento de significado cósmico: a través de ti, la conciencia está despertando de su sueño de identificación con la forma y se está retirando de la forma. Esto presagia un suceso —y a la vez forma parte de él— que probablemente aún queda en un futuro lejano. Ese suceso es el fin del mundo.

PARA MANTENERSE PRESENTE EN LA VIDA COTIDIANA resulta útil estar profundamente arraigado en uno mismo porque, de lo contrario, la mente, que tiene una enorme inercia, te arrastra como la crecida de un río.

Mantenerte presente significa habitar tu cuerpo plenamente. Tener siempre parte de tu atención en el campo energético interno de tu cuerpo. Sentir el cuerpo por dentro, por así decirlo. La conciencia corporal te mantiene presente. Te ancla en el ahora.

El cuerpo que puedes ver y tocar no puede llevarte al Ser. Pero este cuerpo visible y tangible sólo es un caparazón externo o, más bien, una percepción limitada y distorsionada de una realidad más profunda. En tu estado natural de conexión con el Ser, esa realidad más profunda puede sentirse a cada momento como el cuerpo interno invisible, la presencia interna que te anima. Por tanto, «habitar el cuerpo» es sentirlo desde dentro, sentir la vida dentro del cuerpo y así llegar a saber que eres más allá de la forma externa.

Estarás desvinculado del Ser mientras tu mente consuma toda tu atención. Si te ocurre esto —y a la mayoría de la gente le sucede continuamente—, significa que no estás en tu cuerpo. La mente absorbe toda tu conciencia y la transforma en materia mental. No puedes dejar de pensar.

Para hacerte consciente del cuerpo, necesitas reorientar tu conciencia mental. Ésta es una de las tareas más esenciales del camino espiritual porque libera enormes cantidades de conciencia que habían quedado atrapadas en el pensamiento inútil y compulsivo. Una manera eficaz de hacerlo es retirar el foco de atención del pensamiento y dirigirlo hacia el cuerpo, donde, al principio, podremos sentir el Ser como un campo energético invisible que da vida a lo que percibimos como nuestro cuerpo físico.

CONECTA CON EL CUERPO INTERNO

Por favor, inténtalo ahora mismo. A lo largo de esta práctica quizá te resulte útil mantener los ojos cerrados, pero más adelante, cuando «estar en el cuerpo» sea algo fácil y natural, ya no será necesario.

DIRIGE TU ATENCIÓN AL CUERPO; siéntelo desde dentro. ¿Está vivo? ¿Hay vida en tus manos, brazos, piernas y pies, en tu abdomen, en tu pecho?

¿Puedes sentir el campo de energía sutil que impregna la totalidad del cuerpo y llena de vida vibrante cada órgano y cada célula? ¿Puedes sentirlo simultáneamente en todas partes de tu cuerpo como un campo de energía unificado?

Sigue concentrándote en las sensaciones de tu cuerpo interno durante unos momentos. No empieces a pensar en él. Siéntelo.

Cuanta más atención le concedas, más clara e intensa será la sensación. Sentirás como si cada célula estuviera más viva, y si tienes muy desarrollado el sentido visual, puede que recibas una imagen de tu cuerpo volviéndose luminoso. Esa imagen podrá ayudarte temporalmente, pero presta más atención a la sensación que a cualquier figuración que pueda surgir. Una imagen, por muy hermosa o intensa que sea, ya tiene una forma definida, y no te permite profundizar tanto como la sensación.

ENTRA PROFUNDAMENTE EN EL CUERPO

Para entrar aún más profundamente en el cuerpo, practica la siguiente meditación. Diez o quince minutos de reloj deberían bastar.

ASEGÚRATE DE QUE NO HAYA DISTRACCIONES EXTERNAS, como teléfonos o personas, que puedan interrumpirte. Siéntate en una silla, pero sin apoyarte en el respaldo. Mantén la columna erguida. Eso te ayudará a estar alerta. Como alternativa, elige tu posición favorita de meditación.

Mantén el cuerpo relajado. Cierra los ojos. Realiza unas cuantas respiraciones. Siente que respiras hacia el bajo vientre. Observa cómo se expande y se contrae ligeramente con cada inspiración y espiración.

Después toma conciencia de todo el campo energético interno del cuerpo. No pienses en él; siéntelo. Al hacerlo, arrebatas conciencia a la mente. Si te sirve de ayuda, usa la visualización de la «luz» que he descrito anteriormente.

Cuando sientas claramente el cuerpo interno como un campo unificado, abandona, si te es posible, cualquier imagen visual y céntrate exclusivamente en la sensación. Si puedes, abandona también cualquier imagen que pueda quedarte del cuerpo físico. Lo único que te quedará es una sensación omniincluyente de presencia o «de Ser», y sentirás que el cuerpo interno no tiene límites.

A continuación ahonda con tu atención en esa sensación. Hazte uno con ella. Fúndete con el campo energético, de modo que desaparezca la percepción de dualidad entre el observador y lo observado, entre tú y tu cuerpo. Poco a poco se va disolviendo la distinción entre lo interno y lo externo, de modo que ya no queda cuerpo interno. Entrando profundamente en el cuerpo lo has trascendido.

Mantente en el reino del puro Ser el tiempo que te resulte cómodo; después vuelve a tomar conciencia del cuerpo físico, de tu respiración y de los sentidos físicos, y abre los ojos. Observa tu entorno durante unos minutos meditativamente —es decir, sin ponerle etiquetas mentales— y mientras tanto sigue sintiendo tu cuerpo interno.

Tener acceso al reino de lo informe es muy liberador. Te libera del vínculo con la forma y de la identificación con ella. Lo llamamos lo No Manifestado, la Fuente invisible de todas las cosas, el Ser dentro de todos los seres. Es un reino de profunda quietud y paz, pero también de alegría e intensa vitalidad. Cuando estás presente, te haces en alguna medida a la luz, a la pura conciencia que emana de la Fuente. También te das cuenta de que la luz no está separada de quien eres, sino que constituye tu esencia misma.

Cuando tu conciencia se dirige hacia fuera, surgen la mente y el mundo. Cuando se dirige hacia dentro, alcanza su propia Fuente y regresa a casa, a lo No Manifestado.

Después, cuando vuelve al mundo manifestado, retomas la identidad en la forma a la que habías renunciado temporalmente. Tienes un nombre, un pasado, una situación de vida, un futuro. Pero ya no eres la misma persona que antes; un aspecto esencial ha cambiado porque has vislumbrado una realidad dentro de ti que «no es de este mundo», aunque tampoco está separada de él, del mismo modo que no está separada de ti.

Ésta debe ser tu práctica espiritual:

EN LOS QUEHACERES DE TU VIDA no concedas el ciento por ciento de tu atención al mundo externo y a la mente. Mantén parte de tu atención dentro.

Siente tu cuerpo interno mientras participas en tus actividades cotidianas, especialmente cuando te relacionas con otras personas o con la naturaleza. Siente la quietud en lo profundo de él. Mantén la puerta abierta.

Es muy posible ser consciente de lo No Ma -nifestado a lo largo de la vida. Lo sientes como una profunda paz de fondo, una quietud que nunca te abandona, pase lo que pase fuera. Así te conviertes en un puente entre lo No Manifestado y lo manifestado, entre Dios y el mundo.

Éste es el estado de conexión con la Fuente, que llamamos iluminación.

PROFUNDIZA TUS RAÍCES INTERNAS

La clave está en mantenerse permanentemente en un estado de conexión con tu cuerpo interno, sentirlo en todo momento. Esto profundizará y transformará tu vida rápidamente. Cuanta más conciencia dirijas hacia el cuerpo interno, más elevada será su frecuencia vibratoria, de manera parecida a una luz que brilla más a medida que giras el interruptor progresivo y aumenta el flujo eléctrico. En ese alto nivel energético la negatividad ya no puede afectarte, y tenderás a atraer nuevas circunstancias que reflejen esa frecuencia elevada.

Si mantienes la atención en el cuerpo siempre que te sea posible, estarás anclado en el ahora. No te perderás en el mundo externo ni en la mente. Los pensamientos y las emociones, los miedos y los deseos, pueden seguir presentes en alguna medida, pero ya no se adueñarán de ti.

POR FAVOR, ANALIZA DÓNDE ESTÁ TU ATENCIÓN en este momento. Estás escuchándome o estás leyendo estas palabras en un libro. Ése es el centro de tu atención. También eres consciente periféricamente de tu entorno, de otras personas, etcétera. Además, puedes tener cierta actividad mental en torno a lo que estás oyendo o leyendo, algún comentario mental.

Pero no es necesario que nada de lo anterior absorba toda tu atención. Intenta mantenerte simultáneamente en contacto con tu cuerpo interno. Mantén parte de la atención dentro de ti; no dejes que toda ella fluya hacia fuera. Siente tu cuerpo desde dentro como un campo energético unificado. Es casi como si estuvieras escuchando o leyendo con todo tu cuerpo. Practica esto en los próximos días y semanas.

No entregues toda tu atención a la mente y al mundo externo. Intenta concentrarte en lo que haces con todos los medios a tu alcance, pero al mismo tiempo siente tu cuerpo interno siempre que puedas. Mantente arraigado en tu interior. A continuación observa cómo eso cambia tu estado de conciencia y la cualidad de tus acciones.

Por favor, no te limites a aceptar o negar lo que digo. Haz la prueba.

EL FORTALECIMIENTO DEL SISTEMA INMUNOLÓGICO

Hay una meditación de autosanación, simple pero poderosa, que puedes practicar cuando sientas la necesidad de fortalecer tu sistema inmunológico. Es especialmente eficaz si la utilizas cuando percibes los primeros síntomas de una enfermedad, pero también funciona con enfermedades que ya están instauradas si la usas con la suficiente frecuencia y concentración. Asimismo, contrarrestará las alteraciones sufridas por tu campo energético a causa de cualquier negatividad.

De todos modos, la práctica de la presencia en el cuerpo momento a momento no tiene sustituto posible, y si no se realiza, el efecto de la meditación sólo será temporal. Veamos los detalles prácticos.

CUANDO TENGAS UNOS MINUTOS LIBRES, y especialmente por la noche antes de dormir y a primera hora de la mañana antes de levantarte, «inunda» tu cuerpo de conciencia. Cierra los ojos. Túmbate de espaldas. Ve llevando la atención, sucesivamente, a las distintas partes del cuerpo: manos, pies, brazos, piernas, abdomen, pecho, cabeza, etc. Siente la energía dentro de esas partes con toda la intensidad posible. Mantente en cada una de ellas durante quince segundos aproximadamente.

A continuación, deja que tu atención recorra el cuerpo unas cuantas veces como una ola, de los pies a la cabeza y de la cabeza a los pies. Con dedicar un minuto a esta parte es suficiente. A renglón seguido, siente la totalidad de tu cuerpo energético como un campo de energía unificado. Mantén la sensación durante unos minutos.

Permanece intensamente presente durante ese tiempo, presente en cada célula de tu cuerpo.

No te preocupes si tu mente consigue apartar tu atención del cuerpo ocasionalmente y te quedas perdido en algún pensamiento. En cuanto te des cuenta de que eso ha ocurrido, reorienta tu atención hacia el cuerpo interno.

EL USO CREATIVO DE LA MENTE

Si necesitas usar la mente para un propósito específico, úsala en combinación con tu cuerpo interno. Sólo si eres capaz de mantenerte consciente sin pensamientos podrás usar la mente creativamente, y el camino más fácil para entrar en ese estado es a través del cuerpo.

Cuando necesites una respuesta, una solución o una idea creativa, deja de pensar momentáneamente y concentra la atención en tu campo de energía interno. Toma conciencia de la quietud.

Cuando vuelvas a pensar, tu pensamiento será fresco y creativo. En cualquier actividad relacionada con el pensamiento, practica el hábito de alternar entre unos minutos de pensamiento y otros tantos de una especie de escucha interna, de quietud interna.

Podríamos decirlo así: no pienses únicamente con tu cabeza, piensa con todo tu cuerpo.

DEJA QUE LA RESPIRACIÓN TE LLEVE AL CUERPO

Si en algún momento te resulta difícil contactar con el cuerpo interno, suele ser más fácil empezar centrándose en la respiración. La respiración consciente, que es una intensa meditación por derecho propio, te pondrá gradualmente en contacto con el cuerpo.

Sigue la respiración con tu atención, el aire que entra y sale del cuerpo. Inspira y siente el abdomen expandirse y contraerse ligeramente con cada inspiración y espiración.

Si te resulta fácil visualizar, cierra los ojos y obsérvate rodeado de luz o inmerso en una sustancia luminosa, en un mar de conciencia.

A continuación inspira esa luz. Siente que la sustancia resplandeciente llena todo tu cuerpo y lo hace luminoso.

A partir de ahí, gradualmente, céntrate más en la sensación. No te apegues a ninguna imagen visual. Ahora estás en tu cuerpo. Has accedido al poder del ahora.

SEGUNDA PARTE

LAS RELACIONES COMO PRÁCTICA ESPIRITUAL

El amor es un estado de Ser.
Tu amor no está fuera; está en lo profundo de ti.
Nunca puedes perderlo, no puede dejarte.
No depende de otro cuerpo,
de otra forma externa.

CAPÍTULO SEIS

DISOLVER EL CUERPO-DOLOR

La mayor parte del dolor humano es innecesario. Lo crearás tú mismo mientras la mente no observada dirija tu vida. El dolor que produces en el ahora siempre surge de una falta de aceptación, de una resistencia inconsciente a lo que es.

Como pensamiento, la resistencia es un juicio de algún tipo. Como emoción, es algún tipo de negatividad. La intensidad del dolor depende del grado de resistencia al momento presente y ésta, a su vez, depende de lo fuerte que sea tu identificación con la mente. La mente siempre trata de negar el ahora y de escapar de él.

En otras palabras: cuanto más te identificas con tu mente, más sufres. O puedes decirlo de este otro modo: cuanto más capaz seas de valorar y aceptar el ahora, más libre estarás del dolor y del sufrimiento, más libre de la mente egotista.

Algunas enseñanzas espirituales afirman que, en último término, todo dolor es ilusorio. Eso es cierto, pero la cuestión es: ¿es esta afirmación verdadera para ti? El mero hecho de creerla no hace que sea verdad. ¿Quieres seguir experimentando dolor el resto de tu vida y continuar diciendo que es una ilusión? ¿Te liberas así del dolor? Lo que nos importa aquí es cómo plasmar esa verdad, cómo hacerla real en tu propia experiencia.

El dolor es inevitable mientras sigas identificándote con tu mente, es decir, mientras sigas siendo espiritualmente inconsciente. Me refiero básicamente al dolor emocional, que también es la principal causa del dolor físico y de las enfermedades físicas. El resentimiento, el odio, la autocompasión, la culpabilidad, la ira, la depresión, los celos, e incluso la menor irritación..., todos ellos son formas de dolor. Y cada placer o cumbre emocional contiene dentro de sí la semilla del dolor: su opuesto inseparable, que se manifestará con el tiempo.

Cualquiera que haya tomado drogas para sentirse «mejor» sabe que después de la subida viene la bajada, que el placer se convierte en algún tipo de dolor. Muchas personas saben también que las relaciones íntimas pasan rápidamente de ser una fuente de placer a convertirse en una fuente de dolor. Vistas desde una perspectiva superior, las polaridades positiva y negativa son las dos caras de la misma moneda, y ambas forman parte del dolor subyacente, inseparable del estado de conciencia del ego en el que te identificas con la mente.

Tu dolor tiene dos niveles: el dolor que creas ahora y el dolor del pasado que aún vive en tu cuerpo y en tu mente.

Mientras no seas capaz de acceder al poder del ahora, cada dolor emocional que experimentes dejará tras de sí un residuo de sufrimiento que vive en ti. Se mezcla con el dolor del pasado que ya estaba allí, alojándose en tu cuerpo y en tu mente. Y aquí se incluye, por supuesto, el dolor que sufriste de niño, causado por la inconsciencia del mundo en el que naciste.

Este dolor acumulado es un campo de energía negativa que ocupa tu cuerpo y tu mente. Si lo consideras una entidad invisible por derecho propio, te acercas bastante a la verdad. Se trata del cuerpo-dolor emocional.

El cuerpo-dolor tiene dos estados posibles: latente o activo. Puede estar latente el 90 por 100 del tiempo, aunque en una persona muy infeliz puede llegar a estar activo el 100 por 100 del tiempo. Algunas personas viven casi totalmente a través de su cuerpo de dolor, mientras otras lo experimentan sólo en ciertas situaciones, como en las relaciones íntimas o en situaciones relacionadas con pérdidas o abandonos del pasado, dolores físicos o emocionales, etc.

Cualquier cosa puede activarlo, pero resuena especialmente con los dolores del pasado. Cuando está preparado para despertar de su estado latente, un pensamiento o un comentario inocente hecho por alguien cercano a ti puede ser suficiente para activarlo.

ROMPER LA IDENTIFICACIÓN CON EL CUERPO–DOLOR

EL CUERPO–DOLOR NO QUIERE QUE LO OBSERVES DIRECTAMENTE y lo veas como es. En el momento que lo observas, en cuanto sientes su campo energético dentro de ti y llevas tu atención hacia él, la identificación se rompe.

Ha aparecido una dimensión superior de conciencia. Yo la llamo presencia. Ahora eres el testigo u observador del cuerpo-dolor. Esto significa que ya no puede usarte pretendiendo ser tú, ya no puede alimentarse a través de ti. Has encontrado tu mayor fuerza interior.

Algunos cuerpos-dolor son molestos pero relativamente inocuos, como un niño que no deja de lloriquear. Otros son monstruos depravados y destructivos, auténticos demonios. Algunos son violentos físicamente, y muchos son emocionalmente agresivos. Algunos atacan a la gente cercana, la gente que rodea a la persona, mientras que otros pueden atacar a su anfitrión. En ese caso, tus pensamientos y sentimientos relativos a tu propia vida se vuelven profundamente negativos y autodestructivos. Las enfermedades y los accidentes suelen producirse así. Algunos cuerpos-dolor llevan a sus anfitriones al suicidio.

Cuando pensabas que conocías a alguien y de repente te enfrentas con esta detestable criatura alienígena por primera vez, es probable que te lleves un buen susto. Pero es más importante observarla en ti mismo que en otras personas.

BUSCA CUALQUIER SEÑAL DE INFELICIDAD EN TI, del tipo que sea; puede tratarse del despertar del cuerpo-dolor. A veces toma la forma de irritación, impaciencia, un estado de ánimo sombrío, deseo de hacer daño, ira, furia, depresión, la necesidad de dramatizar las relaciones, etc. Atrápalo en el momento en que despierta de su estado latente.

El cuerpo-dolor, como cualquier otra entidad existente, quiere sobrevivir, y sólo puede hacerlo si consigue que te identifiques inconscientemente con él. Entonces puede emerger, apropiarse de ti, «convertirse en ti» y vivir a través de ti. Necesita conseguir su «alimento» a través de ti.

Se alimentará de cualquier experiencia que resuene con su energía característica, algo que produzca dolor del modo que sea: ira, ganas de destruir, odio, pena, drama emocional, violencia e incluso enfermedad. Cuando se ha apropiado de ti, el cuerpo-dolor crea en tu vida una situación que refleje su propia frecuencia energética para poder alimentarse de ella. El dolor sólo puede alimentarse de dolor. El dolor no puede alimentarse de alegría; le resulta totalmente indigesta.

En cuanto el cuerpo de dolor se apropia de ti, quieres más dolor. Te conviertes en una víctima o en un agresor. Quieres causar dolor, sufrirlo, o las dos cosas. En realidad no hay mucha diferencia entre ambas. Como no eres consciente de lo que haces, afirmarás vehementemente que no quieres sufrir. Pero si miras de cerca, verás que tu manera de comportarte y tu forma de pensar están diseñadas para perpetuar el dolor, tanto para ti mismo como para los demás. Si realmente fueras consciente de él, este patrón se disolvería, porque desear más dolor es una locura y nadie está conscientemente loco.

El cuerpo-dolor, que es la oscura sombra proyectada por el ego, en realidad teme la luz de tu conciencia. Tiene miedo de que lo descubras. Su supervivencia depende de que sigas identificándote inconscientemente con él, así como de tu miedo inconsciente a afrontar el dolor que habita en ti. Pero si no lo afrontas, si no llevas la luz de tu conciencia al dolor, te verás obligado a revivirlo una y otra vez.

El cuerpo-dolor puede parecerte un monstruo peligroso que no te atreves a mirar, pero te aseguro que es un fantasma insustancial incapaz de prevalecer ante el poder de tu presencia.

CUANDO TE CONVIERTES EN EL OBSERVADOR y empiezas a dejar de identificarte, el cuerpo-dolor sigue operando durante cierto tiempo e intenta engañarte para que vuelvas a identificarte con él. Aunque ya no le das energía mediante la identificación, tiene cierta inercia, como una rueda que continúa girando aunque no esté recibiendo impulso. En este estado puede crear tensiones en distintos puntos del cuerpo, pero no durarán.

Mantente presente, mantente consciente. Sé el guardián siempre atento de tu espacio interno. Tienes que estar lo suficientemente atento como para observar el cuerpo-dolor directamente y sentir su energía. Entonces no podrá controlar lo que piensas.

No olvides que en cuanto tu pensamiento se alinea con el campo energético de tu cuerpo-dolor, te identificas con él y vuelves a alimentarlo con tus pensamientos. Por ejemplo, si la vibración energética predominante del cuerpo-dolor es la ira y cultivas pensamientos iracundos en los que te repites lo que alguien te hizo y cómo le vas a responder, entonces te has vuelto inconsciente y el cuerpo-dolor se ha convertido en «ti». Debajo de la ira siempre hay dolor.

O cuando te invade un estado de ánimo sombrío y empiezas a entrar en un patrón mental negativo pensando en lo horrible que es tu vida, tu pensamiento se ha alineado con tu cuerpo-dolor y tú te has vuelto inconsciente y vulnerable a sus ataques.

Ser «inconsciente», tal como uso la palabra aquí, significa identificarse con algún patrón emocional o mental. Implica una ausencia total del observador.

TRANSMUTACIÓN DEL SUFRIMIENTO EN CONCIENCIA

La atención consciente sostenida corta el vínculo entre el cuerpo-dolor y el proceso de pensamiento, y pone en marcha el proceso de transmutación. Es como si el dolor se convirtiera en combustible para la llama de tu conciencia, que a partir de ese momento arde con más fulgor. Éste es el significado esotérico del antiguo arte alquímico: la transmutación de metales inferiores en oro, o del sufrimiento en conciencia. La división interna se cura y vuelves a estar completo. A partir de entonces tu responsabilidad consiste en no crear más dolor.

ENFOCA TU ATENCIÓN EN LO QUE SIENTES DENTRO DE TI. Identifica el cuerpo-dolor y acepta que está ahí. No pienses en él, no dejes que el sentimiento se convierta en pensamiento. No juzgues ni analices. No te fabriques una identidad con el dolor. Mantente presente y continúa siendo un observador de lo que ocurre dentro de ti.

Toma conciencia no sólo del dolor emocional, sino también de «aquel que lo observa», el testigo silencioso. Éste es el poder del ahora, el poder de tu propia presencia consciente. Observa qué ocurre a continuación.

IDENTIFICACIÓN DEL EGO CON EL CUERPO-DOLOR

Este proceso que acabo de describir es muy poderoso, pero también muy simple. Podría enseñarse a un niño, y es de esperar que algún día sea una de las primeras cosas que los niños aprendan en la escuela. Una vez aprendido el principio básico de mantenerte presente como observador de lo que ocurre dentro de ti —«entendiéndolo» por experiencia directa— tienes a tu disposición la más potente herramienta de transformación.

Esto no niega que puedas hallar intensas resistencias internas a soltar la identificación con tu dolor. Ello ocurrirá particularmente si has vivido muy identificado con tu cuerpo-dolor durante casi toda tu vida, y toda o la mayor parte de tu identidad está invertida en él. Esto significa que a partir del cuerpo-dolor te has fabricado un yo infeliz y te identificas con esa ficción mental. En tal caso, el miedo inconsciente a perder tu identidad creará una fuerte resistencia a cualquier desidentificación. En otras palabras, preferirás sentir dolor —ser el cuerpo-dolor— que dar un salto a lo desconocido y arriesgarte a perder tu familiar identidad desgraciada.

OBSERVA TU RESISTENCIA INTERNA. Observa el apego a tu dolor. Mantente muy alerta. Observa el peculiar placer que te proporciona ser infeliz. Observa la tendencia compulsiva a hablar o a pensar en tu desdicha. La resistencia cesará si la haces consciente.

Entonces puedes llevar tu atención al cuerpo-dolor, mantenerte presente como testigo e iniciar así su transmutación.

Tú eres el único capaz de hacerlo. Nadie puede hacerlo por ti. Pero si tienes la suerte de encontrar al alguien que es intensamente consciente, si puedes estar con esa persona y unirte a ella en el estado de presencia, eso te ayudará y acelerará las cosas. Tu propia luz pronto se fortalecerá.

Si ponemos un tronco que está empezando a arder junto a otro que ya está ardiendo intensamente, y después de un rato volvemos a separarlos, el primero arderá con mucha más intensidad. Después de todo, es el mismo fuego el que arde en ambos. Una de las funciones del profesor espiritual es ser ese fuego. Algunos terapeutas también pueden realizar la misma función, siempre que hayan ido más allá del nivel de la mente y puedan crear y mantener una intensa presencia consciente mientras trabajan contigo.

Lo primero que has de recordar es que mientras sigas identificándote con el dolor, no podrás liberarte de él. Mientras parte de tu sentido de identidad siga invertido en tu dolor emocional, sabotearás o te resistirás inconscientemente a cualquier intento de sanar ese dolor.

¿Por qué? Simplemente porque quieres mantenerte intacto, y el dolor se ha convertido en una parte esencial de ti. Éste es un proceso inconsciente, y el único modo de resolverlo es hacerlo consciente.

EL PODER DE TU PRESENCIA

Ver repentinamente que estás o has estado apegado a tu dolor puede ser muy impactante. En el momento de darte cuenta, ya has roto el apego.

El cuerpo-dolor es un campo energético, casi como una entidad, que se ha alojado temporalmente en tu espacio interno. Es energía de vida que se ha quedado atrapada, energía que ya no fluye.

Por supuesto, el cuerpo-dolor existe por ciertas cosas que ocurrieron en el pasado. Es el pasado vivo en ti, y si te identificas con el cuerpo-dolor, te identificas con el pasado. Tener identidad de víctima es creer que el pasado tiene más fuerza que el presente, que es lo opuesto a la verdad. Es creer que otras personas, y lo que te hicieron, son responsables de quien eres ahora, de tu dolor emocional y de tu incapacidad de ser tú mismo.

La verdad es que el único poder existente está contenido en este momento: es el poder de tu presencia. Cuando lo sabes, también te das cuenta de que ahora mismo eres responsable de tu espacio interno —nadie más lo es— y de que el pasado no puede prevalecer ante el poder del ahora.

La inconsciencia lo crea, la conciencia lo transmuta en conciencia. San Pablo expresó este principio universal de una manera muy hermosa: «Todo se muestra cuando queda expuesto a la luz, y lo que queda expuesto a la luz se convierte en luz.»

Del mismo modo que no puedes luchar contra la oscuridad, tampoco puedes luchar contra el cuerpo-dolor. Si lo intentaras crearías más conflicto interno y prolongarías el dolor. Basta con observarlo. Observarlo implica aceptarlo como parte de lo que es en este momento.

CAPÍTULO SIETE

DE LAS RELACIONES ADICTIVAS A LAS RELACIONES ILUMINADAS

RELACIONES DE AMOR–ODIO

A menos que accedas a la frecuencia consciente de la presencia, todas las relaciones, y en particular las relaciones íntimas, acabarán fracasando y siendo disfuncionales. Puede que parezcan perfectas durante un tiempo, mientras estás «enamorado», pero esa perfección se altera invariablemente a medida que van produciéndose discusiones, conflictos, insatisfacciones y violencia emocional o incluso física..., momentos de tensión que suceden con creciente frecuencia.

Parece que la mayoría de las «relaciones amorosas» pasan a convertirse muy pronto en relaciones de amor-odio. En ellas, el amor puede dar paso en un abrir y cerrar de ojos a una agresividad salvaje, a sentimientos de hostilidad o a la total ausencia del afecto. Esto se considera normal.

Si en tus relaciones experimentas tanto un sentimiento de «amor» como su opuesto —agresividad, violencia emocional, etc.—, entonces es muy probable que estés confundiendo el apego adictivo del ego con el amor. No puedes amar a tu compañero o compañera un momento y atacarle al siguiente. El verdadero amor no tiene opuesto. Si tu «amor» tiene un opuesto, entonces no es amor, sino la intensa necesidad del ego de una identidad más completa y profunda, necesidad que la otra persona cubre temporalmente. Éste es el sustituto de la salvación que propone el ego, y durante un breve episodio parece una verdadera salvación.

Pero llega un momento en que tu pareja deja de actuar de la manera que satisface tus demandas, o más bien las de tu ego. Los sentimientos de miedo, dolor y carencia, que son parte intrínseca del ego pero habían quedado tapados por la «relación amorosa», vuelven a salir a la superficie.

Como en cualquier otra adicción, pasas buenos momentos cuando la droga está disponible, pero, invariablemente, acaba llegando un momento en el que ya no te hace efecto.

Por eso, cuando los sentimientos dolorosos

reaparecen los sientes con más intensidad que antes y, lo que es peor, ahora percibes que quien los causa es tu compañero o compañera. Esto significa que los proyectas fuera de ti y atacas al otro con toda la violencia salvaje de tu dolor.

Tu ataque puede despertar el dolor de tu pareja, que posiblemente contraatacará. Llegados a este punto, el ego sigue esperando inconscientemente que su ataque o sus intentos de manipulación sean castigo suficiente para inducir un cambio de conducta en la pareja, de modo que pueda seguir sirviendo de tapadera del dolor.

Todas las adicciones surgen de una negativa inconsciente a encarar y traspasar el propio dolor. Todas las adicciones empiezan con dolor y terminan con dolor. Cualquiera que sea la sustancia que origine la adicción —alcohol, comida, drogas (legales o ilegales) o una persona—, estás usando algo o a alguien para encubrir tu dolor.

Por eso hay tanto dolor e infelicidad en las relaciones íntimas en cuanto pasa la primera euforia. Las rela-ciones mismas no son la causa del dolor y de la infelicidad, sino que sacan a la superficie el dolor y la infelicidad que ya están en ti. Todas las adicciones lo hacen. Llega un momento en que la adicción deja de funcionar y sientes el dolor con más intensidad que nunca.

Ésta es la razón por la que la mayoría de la gente siempre está intentando escapar del momento presente y buscar la salvación en el futuro. Si concentrasen su atención en el ahora, lo primero que encontrarían sería su propio dolor, y eso es lo que más temen. ¡Si supieran lo fácil que es acceder ahora al poder de la presencia que disuelve el pasado y su dolor, a la realidad que disuelve la ilusión! ¡Si supieran lo cerca que están de su propia realidad, lo cerca que están de Dios!

Eludir las relaciones en un intento de evitar el dolor tampoco soluciona nada. El dolor sigue allí de todos modos. Es más probable que te obliguen a despertar tres relaciones fracasadas en otros tantos años que pasar tres años en una isla desierta o encerrado en tu habitación. Pero si puedes llevar una intensa presencia a tu soledad, eso podría funcionar para ti.

DE LAS RELACIONES ADICTIVAS A LAS RELACIONES ILUMINADAS

Tanto si vives solo como si vives en pareja, la clave es estar presente e intensificar progresivamente tu presencia mediante la atención al ahora.

Si quieres que florezca el amor, la luz de tu presencia debe ser lo suficientemente intensa como para no verte arrollado por el pensador o por el cuerpo-dolor, ni los confundas con quien eres. Conocerse como el Ser que está debajo del pensador, la quietud que está debajo del ruido mental, el amor y la alegría que se encuentran debajo del dolor, eso es libertad, salvación, iluminación.

Desidentificarse del cuerpo-dolor es llevar la presencia al dolor y así transmutarlo. Desidentificarse del pensamiento es poder ser el observador silencioso de tus pensamientos y de tu conducta, especialmente de los patrones repetitivos de tu mente y de los roles que representa tu ego.

Si dejas de investirla de «yoidad», la mente pierde su cualidad compulsiva, formada básicamente por la constante tendencia a juzgar y a resistirse a lo que es, creando así conflicto, drama y más dolor. De hecho, en el momento en que dejas de juzgar y aceptas lo que es, eres libre de la mente. Has creado espacio para el amor, para la alegría, para la paz.

PRIMERO DEJAS DE JUZGARTE A TI MISMO; después dejas de juzgar a tu pareja. El mayor catalizador del cambio en las relaciones es la aceptación total de tu pareja tal como es, dejando completamente de juzgarla y de intentar cambiarla.

Eso te lleva inmediatamente más allá del ego. A partir de entonces todos los juegos mentales y el apego adictivo se acaban. Ya no hay víctimas ni verdugos, ni acusadores ni acusados.

La aceptación total también supone el final de la codependencia; ya no te dejas arrastrar por el patrón inconsciente de otra persona, favoreciendo de ese modo su continuidad. Entonces, o bien os separáis —con amor—, o bien entráis juntos más profundamente en el ahora, en el Ser. ¿Es así de simple? Sí, es así de simple.

El amor es un estado de Ser. Tu amor no está fuera; está en lo profundo de ti. Nunca puedes perderlo, no puede dejarte. No depende de otro cuerpo, de otra forma externa.

EN LA QUIETUD DE TU PRESENCIA puedes sentir tu propia realidad informe e intemporal: es la vida no manifestada que anima tu forma física. Entonces puedes sentir la misma vida en lo profundo de los demás seres humanos y de las demás criaturas. Miras más allá del velo de la forma y la separación. Esto es alcanzar la unidad. Esto es amor.

Aunque es posible tener breves atisbos, el amor no puede florecer a menos que estés permanentemente liberado de la identificación mental y tu presencia sea lo bastante intensa como para haber disuelto el cuerpo-dolor, o hasta que puedas, al menos, mantenerte presente como observador. De ese modo, el cuerpo-dolor no podrá arrebatarte el control y destruir el amor.

LAS RELACIONES COMO PRÁCTICA ESPIRITUAL

Como los seres humanos nos hemos ido identificando progresivamente con la mente, la mayoría de las relaciones no tienen sus raíces en el Ser, y por eso se convierten en fuente de dolor, dominadas por problemas y conflictos.

Si las relaciones energetizan y expanden los patrones mentales del ego y activan el cuerpo-dolor, tal como ocurre actualmente, ¿por qué no aceptar este hecho en lugar de intentar huir de él? ¿Por qué no cooperar con él en lugar de evitar las relaciones o de seguir persiguiendo el fantasma de una pareja ideal que sea la respuesta a todos tus problemas o el complemento que te haga sentirte realizado?

El reconocimiento y la aceptación de los hechos te permite cierta libertad respecto a ellos.

Por ejemplo, cuando *sabes* que hay desarmonía y lo tienes presente, ese mismo hecho constituye un factor nuevo que no permitirá que la desarmonía se mantenga invariable.

CUANDO SABES QUE NO ESTÁS EN PAZ, ese conocimiento crea un espacio tranquilo que envuelve tu falta de paz en un abrazo amoroso y tierno, y después transmuta en paz la ausencia de paz.

No hay nada que puedas *hacer* respecto de tu transformación interna. No puedes transformarte a ti mismo y, ciertamente, no puedes transformar a tu pareja ni a ninguna otra persona. Lo único que *puedes* hacer es crear un espacio para que ocurra la transformación, para que entren la gracia y el amor en tu vida.

De modo que cuando veas que tu relación no funciona, cuando haga asomar tu «locura» y la de tu pareja, alégrate. Lo que era inconsciente está saliendo a la luz. Es una oportunidad de salvación.

REGISTRA CADA MOMENTO, registra en especial tu estado interno en cada momento. Si estás enfadado, debes saber que estás enfadado. Si te sientes celoso, si estás a la defensiva, si sientes el impulso de discutir, la necesidad de tener razón, si tu niño interno pide amor y atención o si sientes dolor emocional del tipo que sea, conoce la realidad de ese momento y registra ese conocimiento.

Entonces la relación se convierte en tu *sadhana,* tu práctica espiritual. Si observas un comportamiento inconsciente en tu pareja, rodéalo con el abrazo amoroso de tu conocimiento y no reacciones.

La inconsciencia y el conocimiento no pueden coexistir durante mucho tiempo, aunque el conocimiento no esté en la persona que actúa inconscientemente, sino en la otra. A la forma energética que reside detrás de la hostilidad y el ataque, la presencia del amor le resulta absolutamente intolerable. Si reaccionas a la inconsciencia de tu pareja, tú mismo caes en la inconsciencia. Pero si a continuación recuerdas que has de conocer y registrar tu reacción, no se pierde nada.

Las relaciones nunca habían sido tan problemáticas y conflictivas como ahora. Como tal vez hayas percibido, su finalidad no es hacerte feliz o satisfacerte. Si sigues intentando alcanzar la salvación a través de una relación, te sentirás desilusionado una y otra vez. Pero si aceptas que la finalidad de las relaciones es hacerte consciente en lugar de hacerte feliz, entonces te ofrecerán salvación, y te habrás alineado con la conciencia superior que quiere nacer en el mundo.

Para quienes se aferren a los viejos patrones, cada vez habrá más dolor, violencia, confusión y locura.

¿Cuántas personas se requieren para hacer de tu vida una práctica espiritual? No te preocupes si tu pareja no quiere cooperar. La cordura —la conciencia— sólo puede llegar al mundo a través de ti. No tienes que esperar a que el mundo se vuelva cuerdo, o a que otra persona se vuelva consciente, para iluminarte. Podrías esperar eternamente.

No os acuséis mutuamente de ser inconscientes. En el momento en que empiezas a discutir, te has identificado con una posición mental, y junto con esa posición estás defendiendo tu sentido de identidad. Entonces el ego se pone al mando. Estás siendo inconsciente. En ocasiones, puede ser apropiado que señales a tu pareja ciertos aspectos de su comportamiento. Si estás muy alerta, muy presente, podrás hacerlo sin que el ego se inmiscuya, sin culpar, acusar ni decir al otro que está equivocado.

Cuando tu compañero o compañera se comporte inconscientemente, renuncia a juzgarle. El juicio sólo sirve para confundir el comportamiento inconsciente de la otra persona con su identidad real o para proyectar tu propia inconsciencia en la otra persona y confundir tu proyección con su identidad.

Esta renuncia a juzgar no implica que no reconozcas la disfunción y la inconsciencia cuando las veas. Significa «ser el conocimiento» en lugar de «ser la reacción» y el juez. Entonces te liberarás totalmente de la necesidad de reaccionar, o reaccionarás conservando el conocimiento, el espacio en el que la reacción puede ser observada y se le permite ser. En lugar de luchar en la oscuridad, pones luz. En lugar de reaccionar a la ilusión, eres capaz de verla y de traspasarla.

Ser el conocimiento crea un espacio claro de presencia amorosa que permite a todas las personas y cosas ser como son. No hay mayor catalizador de la transformación. Si haces de esto tu práctica, tu pareja no podrá seguir a tu lado y continuar siendo inconsciente.

Si los dos llegáis al acuerdo de que la relación va a ser vuestra práctica espiritual, tanto mejor. Entonces podréis expresar vuestros pensamientos, sentimientos o reacciones en cuanto se produzcan, de modo que no crearéis un desfase temporal que pudiera agriar una emoción no reconocida ni expresada.

APRENDE A EXPRESAR lo que sientes sin culpar. Aprende a escuchar a tu pareja de manera abierta, sin ponerte a la defensiva.

Dale espacio para expresarse. Mantente presente. Acusar, defenderse, atacar..., todos los patrones diseñados para fortalecer o proteger el ego, o para satisfacer sus necesidades, están de más. Es vital dar espacio a los demás y también dártelo a ti mismo. El amor no puede florecer sin espacio.

Cuando hayas resuelto los dos factores que destruyen las relaciones, es decir, cuando hayas transmutado el cuerpo-dolor y dejes de identificarte con la mente y las posiciones mentales —y siempre que tu pareja haya hecho lo mismo—, experimentarás la dicha del florecer de una relación. En lugar de reflejaros mutuamente el dolor y la inconsciencia, en lugar de satisfacer vuestras mutuas necesidades ego-céntricas, os reflejaréis el amor que sentís en vuestro interior, el amor que acompaña a la toma de conciencia de vuestra unidad con todo lo que es.

Ése es el amor que no tiene opuesto.

Si tu pareja sigue estando identificada con la mente y el cuerpo-dolor, y tú ya te has liberado, esto representará un gran reto, pero no para ti, sino para tu pareja. No es fácil vivir con una persona iluminada o, más bien, es tan fácil que el ego se siente amenazado.

Recuerda que el ego necesita problemas, conflictos y «enemigos» que fortalezcan su sensación de separación, de la que depende su identidad. La mente no iluminada de tu pareja se sentirá muy frustrada porque no te resistes a sus posiciones mentales fijas, lo que significa que se irán debilitando y temblarán, e incluso existe el «peligro» de que se derrumben, produciendo una pérdida de identidad.

El cuerpo-dolor está pidiendo *feedback* y no lo está obteniendo. La necesidad de argumentar, dramatizar y estar en conflicto no está siendo satisfecha.

RENUNCIA A LA RELACIÓN CONTIGO MISMO

Iluminado o no, sigues siendo un hombre o una mujer, de modo que en lo relativo a tu identidad en la forma sigues estando incompleto. Eres la mitad de un todo. Esta falta de totalidad se siente como atracción hombre-mujer, el tirón hacia la energía de la polaridad opuesta, por muy consciente que seas. Pero, en el estado de conexión interna, sientes ese tirón en la superficie o en la periferia de tu vida.

Esto no significa que no te relaciones profundamente con los demás o con tu pareja. De hecho, sólo puedes relacionarte profundamente si eres consciente de Ser. Viniendo del Ser, eres capaz de concentrar la atención más allá del velo de la forma. En el Ser, hombre y mujer son uno. Puede que tu forma siga teniendo ciertas necesidades, pero el Ser no tiene ninguna. Ya es completo y total. Si esas necesidades se satisfacen, es muy hermoso, pero no supone ninguna diferencia para tu estado interno profundo.

Por eso es perfectamente posible que una persona iluminada, si no satisface la necesidad de una polaridad masculina o femenina, sienta que le falta algo o que está incompleta en el nivel externo de su ser, y al mismo tiempo puede estar totalmente completa, satisfecha y en paz por dentro.

Si no puedes sentirte a gusto cuando estás solo, buscarás una relación para remediar tu inquietud. Puedes estar seguro de que la incomodidad reaparecerá bajo otra forma dentro de la relación, y probablemente pensarás que tu pareja es responsable de ello.

Lo único que tienes que hacer es aceptar plenamente este momento. Entonces puedes estar cómodo en el aquí y ahora, y a gusto contigo mismo.

Pero ¿necesitas tener una relación contigo mismo? ¿Por qué no puedes simplemente ser tú mismo? Para tener una relación contigo mismo te divides en dos: «yo» y «mí mismo», sujeto y objeto. Esta dualidad mental es la causa fundamental de toda la complejidad innecesaria, de todos los problemas y conflictos de tu vida.

En el estado de iluminación, tú eres tú mismo: «tú» y «tú mismo» se funden en uno. No te juzgas, ni sientes pena por ti, ni te sientes orgulloso de ti, ni te quieres, ni te odias, etc. La división causada por la conciencia autorreflexiva queda sanada, la maldición desaparece. Ya no hay un «yo» que tengas que proteger, defender o alimentar.

Cuando estás iluminado, hay una relación que dejas de tener: la relación contigo mismo. Una vez que has renunciado a ella, todas las demás relaciones serán relaciones de amor.

TERCERA PARTE

ACEPTACIÓN
Y RENDICIÓN

Cuando te rindes a lo que es
y estás plenamente presente,
el pasado ya no tiene ningún poder.
Entonces se abre el reino del Ser,
que había quedado oscurecido por la mente.
De repente, surge una gran quietud dentro de ti,
la sensación de una paz insondable.
Y en esa paz hay una gran alegría.
Y dentro de esa alegría hay amor.
Y en su núcleo más interno está lo sagrado,
lo inconmensurable,
Eso que no puede ser nombrado.

Capítulo ocho

La aceptación del ahora

LA IMPERMANENCIA Y LOS CICLOS DE LA VIDA

Hay fases de éxito en que las cosas vienen a ti y se desarrollan, y fases de fracaso en que las cosas se marchitan, se desintegran y tienes que dejarlas ir para que puedan surgir otras nuevas, o para que se produzca la transformación.

Si, llegado a ese punto, te apegas y te resistes, te estás negando a seguir el flujo de la vida, y eso te hará sufrir. La disolución es necesaria para que se produzca un nuevo crecimiento. Ambos aspectos no pueden existir separadamente.

La fase descendente del ciclo es absolutamente esencial para la realización espiritual. Debes de haber fracasado rotundamente a algún nivel, o haber experimentado una pérdida seria o un dolor, para sentirte atraído por la dimensión espiritual. O quizá el éxito mismo haya perdido significado, quedándose vacío y convirtiéndose en fracaso.

El fracaso reside oculto en cada éxito, y el éxito en cada fracaso. En este mundo, es decir, en el nivel de las formas, todos «fracasamos» antes o después, y todas las realizaciones acaban convirtiéndose en nada. Todas las formas son impermanentes.

Puedes mantenerte activo y disfrutar manifestando y creando nuevas formas y circunstancias, pero ya no te identificarás con ellas. No las necesitas para tener una identidad. Ellas no son tu vida; sólo son tu situación de vida.

El ciclo tiene una duración variable que va de unas pocas horas a varios años. Hay ciclos largos y ciclos breves dentro de los ciclos largos. Muchas enfermedades se generan por luchar contra las fases de baja energía, que son vitales para la regeneración. La acción compulsiva y la tendencia a extraer la propia autoestima y la identidad de factores externos, como el éxito, es una ilusión inevitable mientras te identifiques con la mente.

Esto hace que no puedas aceptar las fases bajas del ciclo, que no las dejes ser. Finalmente, la inteligencia del organismo puede adueñarse de la situación como medida de autoprotección y provocar una enfermedad que te obligue a detenerte para que pueda tener lugar la necesaria regeneración.

En cuanto la mente juzga que un estado o situación es «bueno», le toma apego y se identifica con él, tanto si se trata de una relación como de una posesión, un papel social, un lugar o tu cuerpo físico. La identificación te hace feliz, hace que te sientas bien contigo mismo, y ese estado o situación puede llegar a convertirse en parte de quien eres o de quien crees ser.

Pero nada es duradero en esta dimensión donde la polilla y el orín consumen. La situación acaba, o cambia, o puede producirse un cambio de polaridad: lo que ayer o el año pasado era bueno, súbita o gradualmente se vuelve malo. La misma situación que antes te hacía feliz, ahora te hace desgraciado. La prosperidad de hoy se convierte en el consumismo vacío de mañana. La boda feliz y la luna de miel se convierten en un doloroso divorcio o en una convivencia infeliz.

O también puede ocurrir que desaparezca una situación y su ausencia te haga infeliz. Cuando el estado o situación con el que la mente se ha identificado cambia o desaparece, ésta no puede aceptarlo. Se apegará al estado que ha desaparecido y se resistirá al cambio. Es casi como si nos cortaran un miembro del cuerpo.

Esto significa que tu felicidad y tu infelicidad son, de hecho, la misma cosa. Sólo las separa la ilusión del tiempo.

NO OFRECER RESISTENCIA A LA VIDA es estar en un estado de gracia, tranquilidad y ligereza, un estado que no depende de que las cosas sean de cierta manera, buenas o malas.

Parece paradójico y, sin embargo, cuando desaparece la dependencia interna de la forma, la situación general de tu vida, lo que tiene relación con las formas externas, parece mejorar enormemente. Las cosas, las personas o las situaciones que creías necesitar para ser feliz ahora llegan a ti sin esfuerzo ni lucha por tu parte, y eres libre de disfrutarlas y apreciarlas mientras duren.

Todas esas cosas, evidentemente, seguirán teniendo un final, los ciclos irán y vendrán, pero cuando desaparece la dependencia, desaparece también el miedo a la pérdida. La vida fluye con tranquilidad.

La felicidad derivada de una fuente secundaria nunca es muy profunda. Sólo es un pálido reflejo de la alegría de Ser, de la vibrante paz que encuentras en tu interior cuando entras en el estado de no-resistencia. El Ser te lleva más allá de los opuestos polares de la mente y te libera de la dependencia de la forma. Aunque todo colapsara y se derrumbara a tu alrededor, en lo profundo de tu núcleo interno seguirías sintiéndote en paz. Puede que no te sintieras feliz, pero al menos estarías en paz.

USO Y RENUNCIA DE LA NEGATIVIDAD

Toda resistencia interna se experimenta como negatividad de uno u otro tipo. Toda negatividad es resistencia. En este contexto, ambas palabras son casi sinónimas.

La negatividad va desde la irritación o la impaciencia hasta la ira encendida, desde el estado de depresión anímica o resentimiento hasta la desesperación suicida. A veces la resistencia activa el cuerpo-dolor emocional y, en tal caso, cualquier roce sin importancia puede producir una intensa negatividad en forma de ira, depresión o una pena muy honda.

El ego cree que puede manipular la realidad mediante la negatividad y conseguir lo que quiere.

Cree que la negatividad le permite atraer un estado agradable o disolver un estado desagradable.

Si «tú» —la mente— no creyeras que la negatividad funciona, ¿para qué habrías de crearla? La cuestión es que, de hecho, la negatividad no funciona. En lugar de atraer un estado deseable, más bien le impide emerger. En lugar de disolver un estado indeseable, lo mantiene en su lugar. La única «utilidad» de la negatividad es fortalecer el ego, y por eso al ego le encanta.

Cuando estás identificado con una emoción negativa no quieres soltarla, y en algún profundo nivel inconsciente no deseas un cambio para mejor porque pondría en peligro tu identidad de persona deprimida, enfadada o maltratada. Entonces ignorarás, negarás o sabotearás lo positivo de tu vida. Éste es un fenómeno bastante común. Y una locura.

Observa cualquier planta o animal y permite que te enseñe a aceptar lo que es, a rendirte al ahora.

Deja que te enseñe a Ser.

Deja que te enseñe integridad, qué significa ser uno mismo, ser real.

Deja que te enseñe a vivir y a morir, y a no hacer un problema de la vida y de la muerte.

Las emociones negativas recurrentes contienen a veces un mensaje, como también lo contienen las enfermedades. Pero cualquier cambio que introduzcas, tanto si tiene que ver con tu trabajo como si afecta a tus relaciones o a tu entorno, será superficial a menos que surja de un cambio en tu nivel de conciencia. Y en cuanto a eso sólo puedo aconsejarte una cosa: mantente más presente. Cuando hayas alcanzado cierto grado de presencia, ya no necesitarás que la negatividad te indique qué necesita tu situación de vida.

Pero mientras la negatividad esté ahí, úsala. Úsala como recordatorio de que has de estar más presente.

CUANDO SIENTAS SURGIR LA NEGATIVIDAD EN TU INTERIOR, tanto si está causada por algo externo como si está provocada por un pensamiento o por nada concreto de lo que seas consciente, considérala una voz que te dice: «Atención. Aquí y ahora. Despierta. Sal de tu mente. Mantente presente.»

Hasta la más leve irritación es significativa y tiene que ser reconocida y registrada para que no haya una acumulación de reacciones no observadas.

Es posible que al darte cuenta de que no quieres tener ese campo energético negativo en tu interior, de que no tiene ningún propósito, simplemente renuncies a él. Pero, si es así, asegúrate de soltarlo completamente. Si no puedes hacerlo, acepta que está ahí y lleva tu atención a la sensación.

COMO ALTERNATIVA, PUEDES HACER DESAPARECER LA EMOCIÓN NEGATIVA imaginándote que te has vuelto transparente a la causa externa de esa reacción.

Te recomiendo que al principio lo practiques con cosas pequeñas, incluso triviales. Digamos que estás tranquilamente sentado en tu casa. De repente oyes el sonido penetrante de una alarma de automóvil que suena en la calle. Surge la irritación. ¿Qué propósito tiene esa irritación? Ninguno en absoluto. ¿Por qué la has creado? No la has creado, la ha creado tu mente. Ha sido una reacción totalmente automática, totalmente inconsciente.

¿Por qué la ha creado la mente? Porque cree inconscientemente que esa resistencia, que tú experimentas como negatividad o infelicidad, disolverá en cierto modo la situación indeseable. Esto, evidentemente, es una ilusión. La resistencia creada por la reacción —la irritación o el enfado, en este caso—

es mucho más molesta que la causa original que está tratando de disolver.

Todo esto puede transformarse en una práctica espiritual.

> **SIÉNTETE COMO SI TE ESTUVIESES VOLVIENDO TRANS-PARENTE,** por así decirlo; como si no tuvieras la solidez de un cuerpo material. Ahora permite que el ruido, o cualquiera que sea la causa de la reacción negativa, te atraviese. Ya no golpea con una «pared» sólida en tu interior.

Como he dicho, al principio es mejor practicar con cosas pequeñas: la alarma del coche, el ladrido del perro, los gritos de los niños, el atasco de tráfico. En lugar de tener un muro de resistencia dentro de ti, golpeado constantemente por cosas «que no de-berían estar ocurriendo», deja que todo te atraviese.

Imagina que alguien te dice algo grosero o con intención de molestarte. En lugar de caer en la re-acción inconsciente y en la negatividad, en lugar de atacar, ponerte a la defensiva o retirarte, deja que las palabras te atraviesen limpiamente. No ofrezcas resistencia. Es como si ya no hubiera nadie que pudiera sentirse herido. Eso es perdón. Así es como te vuelves invulnerable.

Puedes seguir diciendo a esa persona que su conducta es inaceptable, si eso es lo que eliges. Pero esa persona ya no tiene el poder de controlar tu estado interno. Entonces eres dueño de ti mismo, no estás bajo el poder de otra persona, y tampoco te dejas controlar por tu mente. Tanto si se trata de una alarma de automóvil, de una persona grosera, de una inundación, un terremoto o de la pérdida de todas tus posesiones, el mecanismo de resistencia es el mismo.

Sigues buscando fuera y no puedes dejar de buscar. Quizás el próximo curso tengas la respuesta; quizás esa nueva técnica. A ti, personalmente, te digo:

No **BUSQUES LA PAZ.** No busques ningún estado diferente del que tienes; así no producirás conflicto interno ni resistencias inconscientes.

Perdónate por no estar en paz. En el momento en que aceptas completamente tu falta de paz, la no-paz se transforma en paz. Cualquier cosa que aceptes plenamente te llevará allí, al estado de paz. Éste es el milagro de la rendición.

Cuando aceptas lo que es, cada momento es el mejor. Eso es iluminación.

LA NATURALEZA DE LA COMPASIÓN

Cuando has ido más allá de los opuestos mentales, te vuelves como un profundo lago. La situación externa de tu vida, y lo que ocurra allí, es la superficie del lago. A veces está en calma, otras veces agitada, dependiendo de los ciclos y las estaciones. Sin embargo, en lo profundo, el lago siempre permanece inalterado. Tú eres todo el lago, no sólo la superficie, y estás en contacto con tu propia profundidad, que permanece absolutamente quieta.

No te resistes al cambio aferrándote mentalmente a ninguna situación. Tu paz interna no depende de ello. Habitas en el Ser —inmutable, intemporal, inmortal— y ya no dependes del mundo externo, de las formas eternamente cambiantes, para sentirte feliz o satisfecho. Puedes disfrutar de las formas, jugar con ellas, crear nuevas formas, apreciar la belleza de las cosas..., pero no necesitas apegarte a nada.

Mientras no seas consciente de Ser, la realidad de los demás seres humanos te evitará porque aún no has encontrado la tuya. Tu mente aceptará o rechazará la forma de los demás, que no es sólo su cuerpo;

también incluye su mente. La verdadera relación sólo es posible cuando tienes conciencia de Ser.

Viniendo del Ser, percibirás el cuerpo y la mente de la otra persona como si sólo fueran una pantalla detrás de la cual puedes sentir su verdadera realidad, como sientes la tuya. Por eso, cuando tengas que afrontar el sufrimiento de otra persona o su conducta inconsciente, te mantendrás presente y en contacto con el Ser, y serás capaz de mirar más allá de la forma y de sentir el Ser puro y radiante de la otra persona a través del tuyo.

En el nivel del Ser, uno reconoce que todo sufrimiento es ilusorio. El sufrimiento se debe únicamente a la identificación con la forma. A veces, cuando la persona está preparada, el despertar de la conciencia de Ser produce curaciones milagrosas.

La compasión es la conciencia del vínculo profundo que te une a todas las criaturas. La próxima vez que digas «no tengo nada en común con esa persona», recuerda que sí tienes mucho en común: dentro de unos pocos años —que sean dos o setenta no supone una gran diferencia— ambos os habréis convertido en cadáveres en putrefacción, después en montones de polvo y más adelante en nada en absoluto. Esta toma de conciencia fomenta un sentimiento de cordura y humildad y no deja lugar al orgullo. ¿Es éste un pensamiento negativo? No, es un hecho. ¿Por qué darle la espalda? En este sentido, existe una igualdad total entre tú y todas las demás criaturas.

UNA DE LAS PRÁCTICAS ESPIRITUALES MÁS PODEROSAS es la de meditar profundamente en la mortalidad de las formas físicas, incluida la propia. A esto se le llama «morir antes de morir».

Entra en esta práctica profundamente. Tu forma física se está disolviendo, deja de ser. Después llega un momento en que todas las formas mentales o pensamientos también mueren. Sin embargo, tú, la presencia divina que eres, sigues estando allí. Radiante, plenamente despierto.

Nada real ha muerto jamás; sólo los nombres, las formas y las ilusiones.

En este nivel profundo, la compasión se convierte en sanación en su sentido más amplio. En ese estado, tu influencia sanadora no se basa fundamentalmente en el hacer, sino en el ser. Todas las personas con las que entres en contacto se sentirán tocadas por tu presencia y afectadas por la paz que emanas, seas consciente de ello o no.

Cuando estás plenamente presente y la gente que te rodea muestra una conducta inconsciente, no sientes la necesidad de reaccionar a ella porque no le concedes el carácter de realidad. Tu paz es tan profunda y vasta que cualquier cosa que no sea paz desaparece en su seno como si nunca hubiera existido. Esto rompe el ciclo kármico de acción y reacción.

Los animales, los árboles y las flores sentirán tu paz y responderán a ella. Enseñas mediante tu ser, demostrando la paz de Dios.

Te conviertes en la «luz del mundo», una emanación de conciencia pura, y por tanto eliminas el sufrimiento de raíz. Eliminas la inconsciencia del mundo.

LA SABIDURÍA DE LA RENDICIÓN

La cualidad de tu conciencia en este momento es el principal determinante del tipo de futuro que experimentarás; por tanto, rendirte es la cosa más importante que puedes hacer para provocar un cambio positivo. Cualquier acción que emprendas es secundaria. Ninguna acción verdaderamente positiva puede surgir de un estado de conciencia que no sea de rendición.

Para algunas personas, la rendición puede tener una connotación negativa que implica derrota, renuncia, incapacidad de responder a las pruebas de la vida, letargo, etc. La verdadera rendición, no obstante, es algo totalmente diferente. No significa soportar pasivamente cualquier situación en la que te encuentres sin hacer nada al respecto. Tampoco significa dejar de hacer planes o de iniciar acciones positivas.

LA RENDICIÓN ES UNA SABIDURÍA SIMPLE pero profunda que implica ceder más que oponerse al flujo de la vida. El único lugar donde puedes experimentar el flujo de la vida es el ahora; por tanto, rendirse es aceptar el momento presente incondicionalmente y sin reservas. Es renunciar a la resistencia interna a lo que es.

Resistirse internamente es decir «no» a lo que es mediante el juicio mental y la negatividad emocional. La resistencia suele agudizarse cuando las cosas «van mal», lo que significa que hay una distancia entre las demandas o rígidas expectativas de tu mente y lo que es. En esa brecha anida el dolor.

Si has vivido lo suficiente, sabrás que las cosas «van mal» con bastante frecuencia. Es precisamente en esos momentos cuando tienes que rendirte si quieres eliminar el dolor y el sufrimiento de tu vida. La aceptación de lo que es te libera inmediatamente de tu identificación mental y vuelve a conectarte con el Ser. La resistencia es la mente.

La rendición es un fenómeno puramente interno, que no implica que en lo externo no puedas emprender acciones para cambiar la situación.

De hecho, para rendirte no tienes que aceptar la situación general, sino sólo el pequeño segmento llamado el ahora. Por ejemplo, si mientras vas conduciendo por el campo te quedas atascado en medio del barro, no dirás: «Vale, me resigno a quedarme atascado.» Resignación no es rendición.

NO TIENES POR QUÉ ACEPTAR UNA SITUACIÓN DE VIDA DESAGRADABLE O INDESEABLE. Tampoco tienes que engañarte y decirte que no tiene nada de malo. No. Reconoces plenamente que quieres salir de ella, y entonces limitas tu atención al momento presente sin ponerle ninguna etiqueta mental.

Eso significa que no hay juicio sobre el ahora. Por tanto, no hay resistencia ni negatividad emocional. Aceptas el momento tal como es.

Después te pones en acción y haces todo lo posible por salir de la situación.

Eso es lo que denomino acción positiva. Es mucho más eficaz que la acción negativa, surgida de la ira, de la desesperación o de la frustración. Hasta alcanzar el resultado deseado, continúas practicando la rendición negándote a etiquetar el ahora.

Permíteme una analogía visual para ilustrar el punto que estoy tratando de exponer. Vas caminando de noche por un sendero y estás rodeado por una densa niebla. Pero tienes una linterna muy potente que la atraviesa y crea un espacio estrecho y claro frente a ti. La niebla es tu situación de vida, que incluye el pasado y el futuro; la linterna es tu presencia consciente; el espacio claro es el ahora.

La no-rendición endurece tu forma psicológica, el caparazón del ego, creando así una fuerte sensación de separación. El mundo que te rodea, y en particular la gente, pueden parecerte amenazantes. Surge una necesidad compulsiva inconsciente de destruir a los demás mediante juicios, y también la de competir y dominar. Hasta la naturaleza se convierte en tu enemigo, porque tus percepciones e interpretaciones están gobernadas por el miedo. La enfermedad mental que llamamos paranoia sólo es una forma un poco más aguda de este estado de conciencia, normal pero disfuncional.

No sólo tu forma psicológica, sino también tu forma física, tu cuerpo, se endurece y se pone rígido a causa de la resistencia. Surge tensión en distintas partes del cuerpo y éste en su totalidad se contrae. El libre flujo de energías corporales, que es esencial para la salud, queda muy restringido.

El trabajo corporal y ciertos tipos de terapia física pueden ayudar a recuperar el flujo, pero, a menos que practiques la rendición en la vida cotidiana, esas terapias se limitan a aliviar los síntomas de forma pasajera, porque la causa de la tensión —el patrón de resistencia— no se ha disuelto.

Hay algo dentro de ti que no es afectado por las circunstancias pasajeras que conforman tu situación de vida, y sólo la rendición te permite acceder a ello. Es tu vida, tu Ser mismo, que existe eternamente en el reino intemporal del presente.

Cuando tu situación de vida te resulta insatisfactoria o incluso intolerable, sólo si empiezas por rendirte podrás romper el patrón de resistencia inconsciente que perpetúa esa situación.

La rendición es perfectamente compatible con la acción, con iniciar cambios o alcanzar objetivos.

Pero, en el estado de rendición, tu acción fluye desde una energía completamente diferente, de otra cualidad. La rendición te conecta con la fuente-energía del Ser, y tu hacer, imbuido de Ser, se convierte en una alegre celebración de la energía de vida que te lleva más profundamente al ahora.

La no-resistencia realza enormemente la cualidad de tu conciencia y, por tanto, la cualidad de cualquier cosa que estés haciendo o creando. Entonces los resultados vendrán por sí mismos y reflejarán esa cualidad. A esto lo podríamos denominar «acción rendida».

En el estado de rendición, ves con claridad lo que hay que hacer y empiezas a actuar; vas haciendo una cosa cada vez, te centras en una cosa cada vez.

Aprende de la naturaleza: observa cómo se hace todo y cómo se despliega el milagro de la vida sin insatisfacción ni infelicidad.

Por esta razón Jesús dijo: «Mira los lirios del campo, cómo crecen; ni se afanan ni se enredan.»

Si tu situación general es insatisfactoria o desagradable, separa este instante y ríndete a lo que es. Ésta es la linterna que te permite ver en la niebla. Entonces tu estado de conciencia deja de estar controlado por las condiciones externas. Ya no partes desde un estado de reacción y resistencia.

Después observa las características específicas de la situación. Pregúntate: «¿Hay algo que pueda hacer para cambiar la situación, mejorarla o apartarme de ella?» Si es así, emprende la acción apropiada.

No te centres en las cien cosas que vas a tener que hacer o que tal vez tengas que hacer en el futuro, sino en la única cosa que puedes hacer ahora. Eso no significa que no debas planificar. Podría muy bien ocurrir que lo que tengas que hacer ahora mismo sea planificar. Pero asegúrate de no empezar a crear «películas mentales» que te proyecten continuamente hacia el futuro, perdiendo de ese modo el ahora. Cualquier acción que emprendas puede no dar fruto inmediatamente. Hasta que lo haga, no te resistas a lo que es.

SI NO PUEDES HACER NADA y tampoco consigues salir de la situación, úsala para entrar más profundamente en la rendición, más profundamente en el ahora, más profundamente en el Ser.

Cuando entras en esta dimensión intemporal del presente, a menudo el cambio se presenta de maneras extrañas, sin necesidad de hacer gran cosa por tu parte. La vida se muestra servicial y cooperativa. Si había factores internos, como el miedo, la culpa o la inercia, que te impedían actuar, se disolverán a la luz de tu presencia consciente.

No confundas la rendición con una actitud de «ya nada me puede molestar» o «las cosas ya no me importan». Si la miras de cerca, verás que tal postura está teñida de negatividad en forma de resentimiento oculto, de modo que no es rendición, sino resistencia enmascarada.

A medida que te vayas rindiendo, dirige tu atención hacia dentro para comprobar si te queda algún rastro de resistencia. Mantente muy alerta cuando lo hagas; de otro modo, una bolsa de resistencia puede seguir escondida en algún rincón oscuro en forma de un pensamiento o emoción no reconocidos.

DE LA ENERGÍA MENTAL
A LA ENERGÍA ESPIRITUAL

EMPIEZA POR RECONOCER QUE HAY RESISTENCIA.
Estate presente cuando ocurra, cuando surja la resistencia. Observa cómo la crea tu mente, cómo etiqueta la situación, a ti mismo, a los demás. Observa el proceso de pensamiento implicado. Siente la energía de la emoción.

Siendo testigo de la resistencia comprobarás que no tiene ninguna utilidad. Al centrar toda tu atención en el ahora, la resistencia inconsciente se hace consciente y ése es su fin.

No puedes ser consciente e infeliz, consciente y negativo. La negatividad, la infelicidad o el sufrimiento, sean del tipo que sean, indican que hay resistencia, y la resistencia siempre es inconsciente.

¿Elegirías la infelicidad? Y si no la has elegido, ¿cómo es que ha surgido? ¿Cuál es su propósito? ¿Quién la mantiene viva?

Aunque seas consciente de tus sentimientos de infelicidad, lo cierto es que te has identificado con ellos y mantienes vivo el proceso de identificación mediante el pensamiento compulsivo. Todo eso es inconsciente. Si fuese consciente, es decir, si estuvieses completamente presente en el ahora, toda negatividad se disolvería casi instantáneamente. No podría sobrevivir en tu presencia. Sólo puede sobrevivir en tu ausencia.

Ni siquiera el cuerpo-dolor puede sobrevivir mucho tiempo en tu presencia. Mantienes viva tu infelicidad dándole tiempo. Ésa es su sangre de vida. Si retiras el tiempo mediante una intensa conciencia del momento presente, se muere. Pero ¿quieres que muera? ¿Estás seguro de que has tenido suficiente? ¿Quién serías sin tu infelicidad?

Hasta que practicas la rendición, la dimensión espiritual es algo sobre lo que lees, sobre lo que hablas, algo sobre lo que escribes libros y que te estimula, algo en lo que piensas, algo en lo que crees o no crees, según el caso. Todo lo anterior no supone ninguna diferencia.

No hasta que la rendición hace que se vuelva una realidad en tu vida.

Cuando te rindes, la energía que emanas y que a partir de ese momento dirige tu vida es de una frecuencia vibratoria mucho más elevada que la energía mental que gobierna el mundo.

A través de la rendición, la energía espiritual entra en este mundo. No genera sufrimiento para ti, para los demás seres humanos ni para el resto de los seres vivos del planeta.

RENDICIÓN
EN LAS RELACIONES PERSONALES

Es cierto que sólo una persona inconsciente intentará usar o manipular a las demás, pero es igualmente cierto que sólo una persona inconsciente puede ser usada y manipulada. Si te resistes o luchas contra el comportamiento inconsciente de otros, tú mismo te vuelves inconsciente.

Pero rendirte no significa permitir que te utilice la gente inconsciente. En absoluto. Es perfectamente posible decir «no» a una persona con firmeza y claridad o salir de una situación estando, al mismo tiempo, en un estado interno de completa no-resistencia.

CUANDO DICES «NO» a una persona o situación, esa negativa no ha de venir de la reacción, sino de la intuición, de una toma de conciencia clara de lo que es correcto para ti en ese momento.

Haz que sea un «no» no-reactivo, un «no» de alta calidad, un «no» libre de toda negatividad que no cree más sufrimiento.

Si no puedes rendirte, actúa inmediatamente: expresa tu queja, haz algo que pueda cambiar la situación, o retírate de ella. Asume la responsabilidad de tu vida.

No contamines tu hermoso y radiante Ser interno ni la Tierra con negatividad. No des a la infelicidad, en ninguna de sus formas, un lugar donde habitar en tu interior.

SI NO PUEDES EMPRENDER UNA ACCIÓN, por ejemplo porque estás en prisión, entonces te quedan dos opciones: resistencia o rendición. El cautiverio o la libertad interna de las condiciones externas. El sufrimiento o la paz interna.

La rendición hará que tus relaciones cambien profundamente. Si no puedes aceptar lo que es, eso implica que nunca puedes aceptar a las personas como son. Las juzgarás, las criticarás, las etiquetarás, las rechazarás o intentarás cambiarlas.

Además, si siempre haces del ahora un medio para un fin futuro, también convertirás a cada persona con la que te encuentres o con la que te relaciones en un medio para un fin. La relación —el ser humano— será entonces de una importancia secunda-ria para ti, o no tendrá ninguna importancia. Lo primordial será lo que puedas sacar de la relación, sea una ganancia material, una sensación de poder, placer físico o algún tipo de gratificación para el ego.

Dejadme ilustrar cómo puede funcionar la rendición en las relaciones.

CUANDO TE VEAS ENVUELTO EN UNA DISCUSIÓN o en alguna situación conflictiva, tal vez con tu pareja u otra persona cercana a ti, empieza por observar cómo te pones a la defensiva cuando atacan tu posición, o siente la fuerza de tu propia agresión cuando atacas la posición de la otra persona.

Observa el apego a tus puntos de vista y opiniones. Siente la energía emocional-mental que está detrás de tu necesidad de tener razón y de señalar que la otra persona está equivocada. Ésa es la energía de tu mente egotista. La haces consciente reconociéndola, sintiéndola tan plenamente como puedas.

Entonces, un día, en medio de una discusión, de repente te darás cuenta de que tienes una opción, y quizá decidas abandonar tu reacción simplemente para ver qué pasa. Te rindes.

No me refiero a que dejas de reaccionar diciendo verbalmente: «De acuerdo, tienes razón», con una mirada condescendiente que en realidad está diciendo: «Estoy por encima de esta inconsciencia infantil.» Así sólo consigues desplazar la resistencia a otro terreno, con lo que la mente egotista sigue estando al mando y reivindicando su superioridad. Estoy hablando de soltar todo el campo de energía mental-emocional que estaba luchando por el poder en tu interior.

El ego es astuto; por eso tienes que estar muy alerta, muy presente, y ser totalmente honesto contigo mismo para ver si realmente has renunciado a tu identificación con una posición mental, liberándote así de la mente.

SI TE SIENTES DE REPENTE MUY LIGERO, DIÁFANO Y EN PROFUNDA PAZ, eso es una señal inequívoca de que te has rendido realmente. Observa entonces lo que le ocurre a la posición mental de la otra persona cuando dejas de energetizarla mediante la resistencia. Cuando la identificación con las posiciones mentales se deja de lado, comienza la verdadera comunicación.

No resistirse no significa necesariamente no hacer nada. Lo único que implica es que la «acción» no va a ser reactiva. Recuerda la profunda sabiduría que subyace en la práctica oriental de las artes marciales: no te resistas a la fuerza del oponente. Cede para vencer.

«No hacer nada» cuando estás en un estado de intensa presencia es un poderoso transformador que sana a las personas y las situaciones.

Es radicalmente diferente de la inactividad en el estado de conciencia ordinario —o más bien de inconsciencia— que surge del miedo, de la inercia o de la indecisión. El verdadero «no hacer nada» implica ausencia de resistencia interna e intensa alerta.

Por otra parte, si es necesario actuar, ya no reaccionarás desde tu mente condicionada, sino que responderás a la situación desde tu presencia consciente. En ese estado, tu mente está libre de conceptos, incluyendo el concepto de no-violencia. De modo que…, ¿quién puede predecir lo que harás?

El ego cree que la fuerza reside en resistirse, cuando en realidad la resistencia te separa del Ser, el único estado de verdadero poder. La resistencia es debilidad y miedo disfrazados de fuerza. Lo que el ego considera debilidad es tu Ser en toda su pureza, inocencia y poder. Lo que consideras fuerza es debilidad. Por tanto, el ego existe y se mantiene mediante la resistencia continua, y representa papeles falsos para encubrir tu «debilidad», que en realidad es tu poder.

Hasta que se produce la rendición, buena parte de la interacción humana se limita a cumplir papeles inconscientes. Cuando te rindes, ya no necesitas las máscaras del ego ni sus defensas. Te vuelves muy simple, muy real. «Eso es peligroso», dice el ego. «Te sentirás herido. Serás muy vulnerable.»

Lo que el ego no sabe, por supuesto, es que sólo abandonando la resistencia, haciéndote «vulnerable», puedes descubrir tu verdadera y esencial invulnerabilidad.

Capítulo nueve

Transformar la enfermedad y el sufrimiento

TRANSFORMAR LA ENFERMEDAD EN ILUMINACIÓN

La rendición es aceptación interna y sin reservas de lo que es. Estamos hablando de tu vida —de este instante—, no de las condiciones o circunstancias de tu vida, no de lo que yo llamo tu situación de vida.

La enfermedad es parte de tu situación de vida y, como tal, tiene un pasado y un futuro. Pero el pasado y el futuro formarán un continuo ininterrumpido, a menos que actives el poder redentor del ahora mediante tu presencia consciente. Como sabes, bajo los diversos estados que conforman tu situación de vida, que existen en el tiempo, hay algo más profundo y esencial: tu Vida, tu Ser en el ahora intemporal.

Como en el ahora no hay problemas, tampoco hay enfermedades. Creyendo en la etiqueta que alguien adhiere a tu malestar, le das fuerza, prolongas la enfermedad y creas una realidad aparentemente sólida de lo que sólo era un desequilibrio temporal. Le das realidad y solidez, y una continuidad en el tiempo que antes no tenía.

CENTRÁNDOTE EN ESTE INSTANTE y evitando etiquetar la enfermedad mentalmente, ésta queda reducida a uno o varios de los siguientes factores: dolor físico, debilidad, incomodidad o incapacidad. Y eso es a lo que te rindes ahora, y no a la idea de que estás «enfermo».

Permite que el sufrimiento te obligue a estar en el momento presente, en un estado de intensa presencia consciente. Usa la enfermedad para iluminarte.

La rendición no transforma lo que es, al menos no directamente. La rendición te transforma a ti. Cuando tú te transformas, todo tu mundo se transforma, porque el mundo sólo es un reflejo.

La enfermedad no es un problema. Mientras la mente egotista tenga el control, el problema eres tú.

Cuando estés enfermo o incapacitado, no te sientas fracasado, no te sientas culpable. No culpes a la vida por haberte tratado injustamente, pero tampoco te culpes a ti mismo. Todo eso son resistencias.

Si tienes una enfermedad grave, úsala para iluminarte. Cualquier cosa «mala» que te pase en la vida, úsala para iluminarte.

Retira tiempo de la enfermedad. No le des ningún pasado ni ningún futuro. Deja que te obligue a estar intensamente presente en la conciencia del momento y observa qué ocurre.

Conviértete en un alquimista: transmuta el metal inferior en oro, el sufrimiento en conciencia, el desastre en iluminación.

¿Estás muy enfermo y te sientes enfadado por lo que acabo de decir? Entonces está claro que te has identificado con la enfermedad y que ahora estás protegiendo tu identidad, además de proteger la enfermedad.

La condición que denominamos «enfermedad» no tiene nada que ver con tu ser real.

Cuando te ocurra un desastre o algo vaya muy «mal» —enfermedades, incapacidad, pérdida del hogar, de la fortuna o de la identidad social, la ruptura de una relación íntima, la muerte o el sufrimiento de un ser querido, o la inminencia de tu propia muerte— has de saber que esa situación también tiene otro aspecto y que estás a solo un paso de algo increíble: una transmutación alquímica completa del metal inferior del dolor y el sufrimiento en oro. Ese paso se llama rendición.

No quiero decir que te sentirás feliz en esa situación. No será así. Pero el miedo y la pena se transmutarán en una paz interna y una serenidad que vienen de un lugar muy profundo: del No Manifestado mismo. Es la «paz de Dios que sobrepasa todo entendimiento». Comparada con ella, la felicidad es algo bastante superficial.

Junto con esta paz radiante llega la comprensión —no a nivel mental, sino al nivel profundo del Ser— de que eres indestructible, inmortal. No se trata de una creencia. Es una certeza absoluta que no necesita pruebas externas ni comprobaciones ulteriores.

LA TRANSFORMACIÓN
DEL SUFRIMIENTO EN PAZ

En algunas situaciones extremas puede que te resulte imposible aceptar el ahora. Pero la rendición siempre te ofrece una segunda oportunidad.

Tu primera oportunidad consiste en rendirte cada momento a la realidad de ese momento. Sabiendo que lo que es no puede deshacerse —porque ya es—, dices sí a lo que es o aceptas lo que no es.

Entonces haces lo que tienes que hacer, lo que la situación requiera.

Si te mantienes en este estado de aceptación, no crearás más negatividad, ni más sufrimiento, ni más infelicidad. Vives en un estado de no-resistencia, en un estado de gracia y ligereza, libre de luchas.

Cuando no eres capaz de hacerlo así, cuando pierdes esta primera oportunidad, bien porque no eres capaz de generar suficiente presencia consciente para impedir que surja algún patrón de resistencia habitual, o bien porque la situación es tan extrema que te resulta absolutamente inaceptable, entonces estarás generando dolor, sufrimiento de algún tipo.

Podría parecer que la situación está creando el sufrimiento, pero en último término no es así: la responsable es tu resistencia.

ÉSTA ES TU SEGUNDA OPORTUNIDAD DE RENDIRTE: si no puedes aceptar lo de fuera, entonces acepta lo de dentro. Si no puedes aceptar la situación externa, acepta la situación interna.

Esto significa: no te resistas al dolor. Permítelo. Ríndete al dolor, a la desesperación, al miedo, a la soledad o a cualquier forma que adopte el sufrimiento. Obsérvalo sin etiquetarlo mentalmente. Abrázalo.

A continuación observa cómo el milagro de la rendición transmuta el sufrimiento profundo en paz profunda. Ésta es tu crucifixión. Deja que se convierta también en tu resurrección y ascensión.

Cuando sientas un dolor profundo, toda charla sobre la rendición probablemente te parecerá intrascendente y sin sentido. Si sientes un dolor profundo, lo más probable es que te surja un fuerte impulso de escapar de él, no de rendirte a él. No quieres sentir lo que sientes. ¿Qué podría ser más normal? Pero no hay escapatoria, no hay salida.

Puede que haya seudoescapes: el trabajo, la bebida, las drogas, enfadarte, proyectar el dolor..., pero no te liberan del dolor. La intensidad del sufrimiento no disminuye cuando lo haces inconsciente. Cuando niegas el dolor emocional, lo que haces o piensas, e incluso tus relaciones, todo queda contaminado por él. Lo emites, por así decirlo, pues es la energía que emana de ti, y los demás lo notarán subliminalmente.

Si son inconscientes, puede que se sientan obligados a atacarte o herirte de algún modo, o puede que tú les hieras al proyectar inconscientemente tu dolor. Atraes y manifiestas lo que corresponde a tu estado interno.

CUANDO NO HAY ESCAPATORIA, EXISTE UN CAMINO QUE PERMITE ATRAVESAR EL DOLOR; por tanto, no te alejes de él. Afróntalo. Siéntelo plenamente. Siéntelo, ¡no pienses en él! Exprésalo si es necesario, pero no crees un guión mental con el dolor. Pon toda tu atención en lo que sientes, no en la persona, evento o situación que parece causarlo.

No dejes que la mente use el dolor para crearse con él una identidad de víctima. Compadecerte de ti mismo y contar tu historia a los demás te mantendrá atrapado en el sufrimiento.

Como es imposible huir del sentimiento, la única posibilidad de cambio es entrar en él; si no lo haces, no cambiará nada.

Por tanto, concede toda la atención a lo que sientes y evita etiquetarlo mentalmente. Al entrar en el sentimiento, mantente intensamente alerta.

Puede que al principio parezca un lugar oscuro y terrorífico, pero cuando sientas el impulso de huir de él, obsérvalo sin hacer nada. Continúa manteniendo la atención en el dolor, sigue sintiendo la pena, el miedo, el pavor, la soledad..., lo que estés sintiendo.

Mantente alerta, sigue estando presente, presente con todo tu ser, con cada célula de tu cuerpo. Al hacerlo, estás llevando una luz a esa oscuridad: ésa es la llama de tu conciencia.

Llegado a esta etapa, no hace falta que te preocupes de la rendición. Ya ha ocurrido. ¿Cómo? Plena atención es plena aceptación, es rendición. Dando a lo que sientes toda tu atención, usas el poder del ahora, que es el poder de tu presencia.

Este poder no permite que sobrevivan resistencias ocultas. La presencia erradica el tiempo, y sin tiempo no pueden sobrevivir el sufrimiento y la negatividad.

La aceptación del sufrimiento es un viaje hacia la muerte. Afrontar el dolor profundo, dejarlo ser, poner tu atención en él, es entrar en la muerte conscientemente. Cuando hayas muerto esa muerte, te darás cuenta de que no hay muerte y no hay nada que temer. Sólo muere el ego.

Imagina un rayo de sol que ha olvidado que es parte inseparable del Sol y se engaña creyendo que tiene que luchar por sobrevivir, construirse una identidad diferente a la del Sol y aferrarse a ella. ¿No sería la muerte de esa ilusión increíblemente liberadora?

¿Quieres tener una muerte fácil? ¿Prefieres morir sin dolor, sin agonía? Entonces muere al pasado a cada instante, y deja que la luz de tu presencia retire el viejo yo pesado y ligado al tiempo que pensabas que eras «tú».

149

EL CAMINO DE LA CRUZ.
LA ILUMINACIÓN MEDIANTE
EL SUFRIMIENTO

El camino de la cruz es el antiguo camino hacia la iluminación y, hasta hace poco, era el único existente. Pero no lo descartes ni menosprecies su eficacia, porque todavía funciona.

El camino de la cruz requiere una inversión completa. Significa que la peor cosa de tu vida, tu cruz, se convierte en lo mejor que te ha ocurrido, porque te obliga a rendirte, a «morir», te fuerza a convertirte en nada, a ser como Dios, porque también Dios es una no-cosa, una nada.

La iluminación mediante el sufrimiento —el camino de la cruz— implica entrar en el reino de los cielos gritando y pataleando. Finalmente te rindes porque ya no puedes soportar el dolor, pero el dolor podría prolongarse mucho tiempo hasta que eso ocurra.

ELEGIR CONSCIENTEMENTE LA ILUMINACIÓN significa renunciar al pasado y al futuro y hacer del ahora el foco principal de tu vida.

Significa elegir habitar en el estado de presencia más que en el tiempo.

Significa decir sí a lo que es.
Entonces ya no necesitas el dolor.

¿Cuánto tiempo más crees que necesitas antes de poder decir: «Ya no crearé más dolor, más sufrimiento?» ¿Cuánto dolor más necesitas antes de poder tomar esa decisión?

Si crees que te hace falta más tiempo, lo tendrás, y también tendrás más dolor. El tiempo y el dolor son inseparables.

EL PODER DE ELEGIR

La elección requiere conciencia, un elevado grado de conciencia. Sin ella, no hay elección. La elección comienza cuando dejas de identificarte con la mente y con sus patrones condicionados, se inicia en el momento en que puedes estar presente.

Hasta llegar a ese punto, espiritualmente eres inconsciente. Eso significa que estás obligado a pensar, sentir y actuar de cierto modo que concuerda con tu condicionamiento mental.

Nadie elige la disfunción, el conflicto, el dolor. Nadie elige la locura. Ocurren porque no hay suficiente presencia para disolver el pasado, porque no hay suficiente luz para disipar la oscuridad. No estás plenamente aquí. Aún no has despertado del todo. Mientras tanto, la mente condicionada dirige tu vida.

Asimismo, si eres una de las muchas personas que tiene un problema con sus padres, si albergas resentimiento por algo que hicieron o dejaron de hacer, aún sigues creyendo que tuvieron elección, que podrían haber actuado de otro modo. Siempre parece que la gente tiene una elección, pero eso es ilusorio. Mientras la mente, con sus patrones ilusorios, dirija tu vida, mientras seas la mente, ¿qué opciones tienes? Ninguna. Ni siquiera estás allí. El estado de identificación con la mente es agudamente disfuncional. Es una forma de locura.

Casi todo el mundo sufre esta enfermedad en distintos grados. En cuanto te das cuenta de ello, no puede haber más resentimiento. ¿Cómo puedes estar resentido con alguien que está enfermo? La única respuesta apropiada es la compasión.

Si estás dirigido por tu mente, aunque no tengas elección, seguirás sufriendo las consecuencias de tu inconsciencia y crearás más sufrimiento. Soportarás la carga del miedo, del conflicto, de los problemas, del dolor. El sufrimiento así creado acabará obligándote a salir del estado de inconsciencia.

No puedes perdonarte verdaderamente ni perdonar a los demás mientras extraigas del pasado tu sentido de identidad. Sólo accediendo al poder del ahora, que es tu propio poder, puede haber un verdadero perdón. Esto quita poder al pasado, y te das cuenta realmente de que nada de lo que hiciste, o de lo que se te hizo, podía dañar en lo más mínimo la radiante esencia que eres.

Cuando te rindes a lo que es y estás plenamente presente, el pasado ya no tiene ningún poder. Ya no lo necesitas. La clave es la presencia. La clave es el ahora.

Puesto que la resistencia es inseparable de la mente, renunciar a la resistencia —rendirse— marca el fin de la etapa en la que la mente es tu maestro, el impostor que pretende ser «tú», el falso dios. Todo juicio y toda negatividad se disuelven.

Entonces se abre el reino del Ser, que había quedado oscurecido por la mente.

De repente, surge una gran quietud dentro de ti, la sensación de una paz insondable.

Y en esa paz hay una gran alegría.

Y dentro de esa alegría hay amor.

Y en su núcleo más interno está lo sagrado, lo inconmensurable, eso que no puede ser nombrado.

AGRADECIMIENTOS

Mi más profundo agradecimiento a Victoria Ritchie, Connie Kellough, Marc Allen y el equipo de New World Library por su apoyo y la magnífica edición que han hecho de este libro.

Agradezco especialmente a todas aquellas personas que contribuyeron a promocionar y apoyar mi libro *El poder del ahora* en sus primeras etapas. Mencionaré sólo a algunos de ellos: Cathy Bordi, Marina Borusso, Randall Bradley, Ginna Bell-Bragg, Tommy Chan, Greg Clifford, Steve Coe, Barbara Dempsey, Kim Eng, Doug France, Joyce Franzee, Remi Frumkin, Wilma Fuchs, Stephen Gawtry, Pat Gordon, Matthew y Joan Greenblatt, Jane Griffith, Surati Haarbrucker, Marilyn Knipp, Nora Morin, Karen McPhee, Sandy Neufeld, Jim Nowak, Carey Parder, Carmen Priolo, Usha Raetze, Joseph Roberts,

Steve Ross, Sarah Runyen, Nikki Sachdeva, Spar Street, Marshall y Barbara Thurber, y Brock Tully.

Quisiera expresar también mi amor y gratitud a los dueños y los empleados de las innumerables librerías privadas que con su esfuerzo han dado a conocer *El poder del ahora* en todo el mundo. ¡Estáis haciendo un trabajo maravilloso! Muchas gracias a:

Banyen Books, Vancouver, BC
Bodhi Tree Bookstore, Los Ángeles, CA
East-West Bookshop, Seattle, WA
East-West Bookshop, Mountain View, CA
Greenhouse Books, Vancouver, BC
Heaven on Earth Book Store, Encinitas, CA
New Age Books & Crystals, Calgary, AB
Open Secret Book Store, San Rafael, CA
Thunderbird Book Store, Carmel, CA
Transitions Bookplace, Chicago, IL
Watkins Bookshop, Londres, UK

"En El poder del ahora (The Power of Now), el sabio autor Eckhart Tolle utiliza palabras para llevar a los lectores más allá de éstas mismas. Apuntando al portal del presente eterno, este práctico y moderno místico ofrece verdades transcendentales que nos liberan".
— Dan Millman, autor de Iluminaciones Diarias y Leyes del Espíritu, (Everyday Enlightenment and The Laws of Spirit)

Un camino
hacia la realización espiritual

«Quizá solamente una vez cada diez años, o incluso una vez cada generación, surge un libro como *El Poder del Ahora.* Hay en él una energía vital que casi se puede sentir cuando uno lo toma en sus manos. Tiene el poder de hacer que los lectores vivan una experiencia y cambien su vida para bien.»

Marc Allen, autor de *Visionary Business*

New World Library se dedica a la publicación de libros
y cintas que nos inspiran y nos animan a mejorar la
calidad de nuestra vida y de nuestro mundo.

Nuestros libros y cintas en cassettes están disponibles
en librerías en todos partes. Para obtener un catálogo
de nuestra colección de libros y cintas, diríjase a:

New World Library
14 Pamaron Way
Novato, CA 94949

Teléfono: (415) 884-2100
Gratis: (800) 972-6657
Fax: (415) 884-2199

Para pedir el catálogo: extensión 50
Para hacer un pedido del catálogo: extensión 52

E-mail: escort@newworldlibrary.com

Visítenos por medio de su computadora:
www.newworldlibrary.com